7日で合格！秘書検定2級・3級

テキスト&[一問一答]問題集

横山都【著】

高橋書店

目次

秘書検定合格プラン　4
本当に7日で合格できますか？　6

【1日目　一般知識】

カタカナ用語・略語・時事用語　8
　カタカナ用語　8
　略語・時事用語　11
きょうの一問一答①　12
きょうの力試し問題①　14

企業のしくみ　16
　会社の種類　16
　株式会社の特徴　16
　企業の組織　17

人事・労務　18
　人事管理の知識　18
　労務管理の知識　19
きょうの一問一答②　20
きょうの力試し問題②　22

企業会計・財務　24
　企業会計・財務　24

企業法務　26
　有価証券と小切手　26

生産管理・マーケティング　28
　生産管理の知識　28
　マーケティングの知識　28
きょうの一問一答③　30
きょうの力試し問題③　32
きょうの力試し問題④　34
COLUMN　my失敗談①　36

【2日目　技能 その1】

会議と秘書の業務　38
　会議の種類　38
　会議の形式　38
　会議における秘書の仕事
　〈準備・案内・会場設営〉　39
　会議における秘書の仕事の流れ　40
きょうの一問一答①　41
きょうの力試し問題①　42

社内文書　44
　社内文書の基本　44
　社内文書の種類　44
　社内文書の書き方　45
　社内文書のスタイル　45

社外文書　46
　社外文書の基本　46
　社外文書の慣用句　46
　社外文書のスタイル　47

社交文書　48
　社交文書の形式と種類　48
　社交文書にふさわしい敬語　48
　社交文書の文例　49

きょうの一問一答②　50
きょうの力試し問題②　52
きょうの力試し問題③　54

グラフの作成　56
　グラフの種類と選択　56
　①（折れ）線グラフ　56
　②棒グラフ　56
　③円グラフ　57
　④帯グラフ　57
きょうの力試し問題④　58
COLUMN　my失敗談②　60

【3日目　技能 その2】

受発信業務と「秘」扱い文書　62
　受信文書と発信文書の注意点　62
　取り扱いの留意点　62
　「秘」文書の社内での取り扱い　63
　「秘」文書の社外への郵送　63
　「秘」文書の保管の仕方　63

郵便　64
　郵便の基礎知識　64
　封書の知識（宛て名の書き方）　64
　はがきの知識　65
　往復はがきの返信の書き方　65
　小包の知識　66
　特殊取扱郵便　66
　大量郵便物　67
きょうの一問一答①　68
きょうの力試し問題①　70
きょうの力試し問題②　72

ファイリング　74
　ファイルの整理法　74
　ファイルの移し替え・置き換え　75

各種資料の管理　76
　名刺の整理法　76
　カタログの整理法　77
　雑誌の整理法　77
　雑誌や新聞の切り抜き方　77
　各部門の管理資料　78
きょうの一問一答②　79
きょうの力試し問題③　80

日程管理・環境整備　82
　日常の日程管理　82
　予定変更と調整　82
　出張の日程管理　83
　環境整備　83
きょうの一問一答③　85
きょうの力試し問題④　86
COLUMN　my失敗談③　88

【 4日目 マナー・接遇 その1 】

慶事・パーティーのマナー　90
- 慶事の服装　90
- パーティーの服装　91
- パーティーの形式　92
- 神式葬儀のしきたり　92
- キリスト教式葬儀のしきたり　92
- 弔事の服装　93

弔事のマナー　94
- 訃報を受けたときの対応　94
- 弔事に関する用語　94
- 仏式葬儀の流れとしきたり　95
- きょうの一問一答①　96
- きょうの力試し問題①　98

贈答のマナー　100
- 現金の包み方　100
- 水引の種類　100
- 表書き（記名）　101
- 慶事の上書きと水引　102
- 弔事の上書きと水引　102
- その他の上書きと水引　103
- きょうの一問一答②　104
- きょうの力試し問題②　106

話し方・聞き方の基本　108
- 望ましい人間関係のあり方　108
- 話し方　109
- 聞き方　109

話し方・聞き方の応用　110
- 報告の仕方　110
- 説明の仕方　110
- 説得の仕方　111
- 注意・忠告の仕方　112
- 注意・忠告の受け方　112
- 苦情対応　113
- 断り方　113
- きょうの一問一答③　114
- きょうの力試し問題③　116

電話応対の実際　118
- 電話応対　118
- きょうの一問一答④　121
- きょうの力試し問題④　122
- COLUMN　my 失敗談④　124

【 5日目 マナー・接遇 その2 】

敬語の知識　126
- 敬語の種類　126
- 尊敬語と謙譲語の作り方　126
- 尊敬語・謙譲語の例　127
- 二重敬語（間違えやすい敬語）　127

接遇用語　128
- 「社外の人」に社内の人のことを言う　128
- 「社内の人」に社内の人のことを言う　129
- よく出題される接遇用語　129
- きょうの一問一答①　131
- きょうの力試し問題①　134
- きょうの力試し問題②　136

接遇の実際　138
- 来客応対　138
- 席次のマナー　139
- 茶菓のマナー　140
- 見送りのマナー　140
- きょうの一問一答②　141
- きょうの力試し問題③　142
- COLUMN　my 失敗談⑤　144

【 6日目 職務知識 】

定型業務と非定型業務　146
- 定型業務（決まった業務）　146
- 非定型業務（突発的な業務）　147

組織の中の秘書　148
- 秘書と上司の関係　148
- きょうの一問一答①　149
- きょうの力試し問題①　150
- きょうの力試し問題②　152

秘書の心得　154
- 職務上の心得　154
- 仕事の進め方　155
- きょうの一問一答②　156
- きょうの力試し問題③　158
- きょうの力試し問題④　160
- COLUMN　my 失敗談⑥　162

【 7日目 必要とされる資質 】

基本的な心構え　164
- ビジネスパーソンとしての心構え　164
- 補佐役としての心構え　165

秘書に必要とされる能力　166
- ①判断力　166
- ②人間関係調整力　167
- ③理解力・洞察力　167
- ④情報収集力　168
- きょうの一問一答①　169
- きょうの力試し問題①　172
- きょうの力試し問題②　174
- MESSAGE　176

【 模擬テスト 】

- 第1回　模擬テスト　178
-       解答と解説　196
- 第2回　模擬テスト　201
-       解答と解説　219

デザイン 高橋朱里／内海桂子（フレーズ）　イラスト 伊藤美樹　校正 (株)鷗来堂　編集協力 (株)エディポック

7日間完成 秘書検定合格プラン

📎 まずは秘書検定を知ろう

　秘書検定とは、公益財団法人実務技能検定協会が主催する秘書業務の知識や考え方を問う検定試験で、受験者の半数以上が女性の大学生や高校生です。合格率は3級で約70％前後、2級で約50％前後と高いものの、勉強せずに合格できるほど簡単ではありません。効率的に勉強するためにも、まずは秘書検定について以下の表で確認しておきましょう。

＜検定の出題範囲＞　　　　　　　　　　　　　　　　　　　　　　　　　　　2級・3級共通

領域	分野・科目	出題方式	出題数	合格基準
理論	必要とされる資質	選択問題（5択）	5問	60％以上正解
	職務知識	選択問題（5択）	5問	
	一般知識	選択問題（5択）	3問	
実技	マナー・接遇	選択問題（5択）	10問	60％以上正解
		記述問題	2問	
	技能	選択問題（5択）	8問	
		記述問題	2問	

※例年計35問出題されますが、実技領域の出題配分が変更されるときもあります。
※実技の記述問題の採点基準や配点などは公開されておりません。
※合格するには「理論」と「実技」でそれぞれ60％以上の正解が必要です。「理論」70％、「実技」50％では合格にはなりません。

📎 問題の傾向を知ろう

・「適当」「不適当」に注意

　秘書検定には「適当」な選択肢を選ぶ問題と「不適当」な選択肢を選ぶ問題があります。間違えないように注意しましょう。

・グレーゾーンに注意

　秘書検定には、正解と思われる選択肢が2つある、グレーゾーンと呼ばれる問題があります。特に「必要とされる資質」「職務知識」で多く見られます。このような「ひっかけ問題」に注意し、2つの選択肢を冷静に見比べ、明らかに違う部分に着目して判断しましょう。

効率的に学習しよう

一日の勉強の流れ

やみくもに勉強せず、各章の冒頭にある「合格への近道」や
各項目の「受かる人は……」を理解し、ポイントを押さえてから覚える。

↓

頻出度の高いテーマを重点的に勉強する。
（星マーク3段階制）

↓

「きょうの一問一答」でスピードチェック！

↓

「きょうの力試し問題」で実際の問題形式に慣れていく！

7日間の勉強の流れ

まずは暗記科目から！

1日目 一般知識の問題からスタート。すべてを完璧に覚えるのではなく、全体に目を通し、それぞれの言葉の意味がわかればOK！

2日目 社会人としての知識が測られる問題をチェック。ビジネス文書の書き方とグラフの特徴を理解し、手で覚える！

3日目 引き続き、社会人としての知識が測られる問題をチェック。郵便の知識と「秘」文書の扱い方が大きなポイント。とにかく覚える！

4日目 一般的に通用する知識をチェック。弔事のマナーと贈答のマナーで点数をかせぐ。問題を解いて覚えるのが効果的。

5日目 引き続き、一般的に通用する知識のチェック。尊敬語と謙譲語、二重敬語にひっかからないよう注意！

最後の2日間で、秘書としての知識を身につけよう！

6日目 秘書としての行動が測られる問題をチェック。暗記するのではなく、問題を解きながら秘書として、すべきこととしてはいけないことをしっかり理解する。

7日目 いよいよ最終日。秘書としての考え方が測られる問題をチェック。最後に模擬テストにチャレンジし、7日間の総復習。心配なら第2回の模擬テストにもチャレンジ！

 # 本当に7日で合格できますか？
~考えに考え抜かれた合格メソッドだからこそ可能です！~

　本書を選んでくださりありがとうございます。皆さんは「7日間で合格したい！」との思いがある一方で「本当に7日で合格できるのか？」という、相反する気持ちもあるのではないでしょうか。
　だからこそ私は考えに考え抜き、いろいろな人の知恵を借りながら、この本を完成させました。その知恵こそが、次の5つの「合格メソッド」です。

★ 合格メソッド1
1日にどれだけ、何をどの順番で学習すれば合格できるのか、まったく悩む必要がありません。合格への道筋がすべて整っています！

★ 合格メソッド2
「受かる人は……」と「落ちる人は……」をすべての項目で紹介。どのように覚えるのがよいのか、悪いのかが、勉強を始める前からわかり、合理的です。

★ 合格メソッド3
すべての項目に「きょうの一問一答」が付いているので、暗記するのにムリ・ムダがありません！

★ 合格メソッド4
「きょうの力試し問題」には「ひっかけ問題」を設けました。この問題を解くだけでも実力がつきます！

★ 合格メソッド5
「頻出度」は星印で表し、一目でわかるようになっています。また、模擬テストも2回分収録しています！

　あとは皆さんの「やりきる覚悟」だけ、と言っても過言ではありません。やりきるためには、1日数時間の勉強は覚悟しなければなりません。その試練を乗り越えた人にこそ、合格が手に入る、と私は信じています。

横山　都

一般知識

35問中、「一般知識」から 3問 出題

 合格への近道

たった3問とあなどるなかれ。
これが合否の分かれ道！

1日目 一般知識 カタカナ用語・略語・時事用語

受かる人は……
だいたいの意味がわかる程度に2、3回くり返す

落ちる人は……
1回しかやらないのも、一字一句完璧に暗記しようとするのもNG

▶ カタカナ用語　　頻出度 ★★★

語句	意味
アウトソーシング	業務の一部を一括して他企業に請け負わせる経営手法　外部委託
アカウント	勘定、請求書
アセスメント	評価、査定
アビリティー	能力、技量
イニシアチブ	主導権
イノベーション	革新、改革、開発
イマジネーション	想像、想像力
イレギュラー	不規則なこと、変則なこと
オーガナイザー	主催者、組織者、設立者
オーソリティー	権威、権威者
オピニオン	意見、世論
オブザーバー	傍聴者、会議には出席するが議決権のない人
オプション	自由選択、選択権
オペレーション	操作
ガイドライン	指標、指針
キャパシティー	能力、受容量
ギャランティー	出演料、保証料

カタカナ用語・略語・時事用語

クオリティー	品質
クライアント	依頼者
クリエーティブ	創造的、独創的
クレジット	信用
コーディネート	調整
コーポレートガバナンス	企業統治、会社経営
コスト	生産にかかる費用
コストパフォーマンス	商品の価値、費用に対する生産性のこと
コネクション	縁故、接続、連絡
コミッション	仲介手数料、委託手数料
コンシューマー	消費者
コンサルテーション	相談
コンセプト	概念
コンセンサス	合意
コンタクト	接触
コンテンツ	内容、目次
コンフィデンシャル	秘密
コンプライアンス	法令遵守
コンペティション	競争、試合、競技会
サゼスチョン	示唆、暗示
サンプリング	全体の状況を推定するために、標本をいくつか抽出すること
スケールメリット	規模が大きくなることによる利点
ダイレクトメール	宛て名広告、DM
ダウンサイジング	設備の小型化
ディーラー	販売業者、卸・小売業者
ディスカウント	割引
ディスクロージャー	情報公開、企業内容開示
ディテール	詳細
ディベロッパー	開発者、宅地開発業者
テリトリー	受け持ち地区
トップダウン	上位層の意思決定に部下（下位層）が従う管理方式

トライアル		試み、試行
トレンド		動向、傾向、最新流行
ネゴシエーション		交渉、折衝
ノウハウ		専門的な技術やその蓄積のこと
ノベルティー	○	宣伝を兼ねて集客のために消費者に配布する品物
バラエティー		多様性
バリュー		価格、値打ち
ビジョン		展望、構想
ファクター		要因、要素
プライオリティー	○	優先順位
フレキシブル		柔軟なこと
プロセス		手順、過程
プロモーター		主催者
ペンディング		保留にすること
ホスピタリティー		親切なもてなし
ボトムアップ		下位層から上位層に、情報や意思が吸い上げられること
ポリシー		方策、政策
メインバンク		主要取引銀行
メソッド		方法、方式
メッセ	○	新商品などを展示する見本市
メンテナンス		保守、維持
モチベーション		動機づけ
ラジカル		急進的な、過激な
リアクション		反応
リース		長期の貸し付け
リコール	○	欠陥商品を生産者が公表し、無償で回収・修理すること
リサーチ		調査、研究
リザーブ	○	予約
リスクマネジメント		危機管理手法
リストラクチャリング		企業での事業の再構築
リミット		限界、限度、範囲

レクチャー	講演、講義
レジュメ	要約、概略、要旨
レンタル	賃貸
ロイヤリティー	著作権、特許権の使用料
ローン	貸し付け

▶ 略語・時事用語

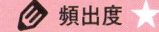 頻出度 ★

アルファベット略語	和名
CEO	最高経営責任者
COO	最高執行責任者
IMF	国際通貨基金
ISO	国際標準化機構
JAS（ジャス）	日本農林規格
JIS（ジス）	日本産業規格
M&A	企業合併、買収
ODA	先進国が行う発展途上国資金援助
OPEC（オペック）	石油輸出国機構
TPP	環太平洋パートナーシップ 環太平洋経済連携協定
WHO	世界保健機関
WTO	世界貿易機関

略語	正式名称
労災保険	労働者災害保険
国保	国民健康保険
日銀	日本銀行
世銀	世界銀行
外為（がいため）	外国為替（かわせ）
労基法	労働基準法
独禁法	独占禁止法
公取委（こうとりい）	公正取引委員会

きょうの一問一答①

カタカナ用語

Q1 アセスメントの日本語の意味は？	**A1** 評価、査定
Q2 アビリティーの日本語の意味は？	**A2** 能力、技量
Q3 イニシアチブの日本語の意味は？	**A3** 主導権
Q4 イマジネーションの日本語の意味は？	**A4** 想像、想像力
Q5 オプションの日本語の意味は？	**A5** 自由選択、選択権
Q6 クライアントの日本語の意味は？	**A6** 依頼者
Q7 クレジットの日本語の意味は？	**A7** 信用
Q8 サゼスチョンの日本語の意味は？	**A8** 示唆、暗示
Q9 ダイレクトメール（DM）の日本語の意味は？	**A9** 宛て名広告
Q10 ペンディングの日本語の意味は？	**A10** 保留
Q11 メッセの日本語の意味は？	**A11** 新商品などを展示する見本市
Q12 ロイヤリティーの日本語の意味は？	**A12** 著作権、特許権の使用料
Q13 オファーの日本語の意味は？	**A13** 申し込み、申し入れ※
Q14 ガイダンスの日本語の意味は？	**A14** 指導※

略語・時事用語

Q1 CEOの日本語の正式名称は？　　**A1** 最高経営責任者

Q2 TPPの日本語の正式名称は？　　**A2** 環太平洋パートナーシップ
　　　　　　　　　　　　　　　　　　　　　 環太平洋経済連携協定

Q3 労災保険の正式名称は？　　　　**A3** 労働者災害保険

Q4 日銀の正式名称は？　　　　　　**A4** 日本銀行

Q5 労基法の正式名称は？　　　　　**A5** 労働基準法

Q6 公取委の正式名称は？　　　　　**A6** 公正取引委員会

Q7 EUの日本語の正式名称は？　　　**A7** 欧州連合※

Q8 GPSの日本語の正式名称は？　　 **A8** 全地球測位システム※

Q9 JETRO(ジェトロ)の日本語の正式名称は？　**A9** 日本貿易振興会※

Q10 東証(とうしょう)の正式名称は？　**A10** 東京証券取引所※

Q11 外為(がいため)の正式名称は？　　**A11** 外国為替※

Q12 特措法の正式名称は？　　　　　**A12** 特別措置法※

Q13 原発の正式名称は？　　　　　　**A13** 原子力発電、原子力発電所※

Q14 定昇の正式名称は？　　　　　　**A14** 定期昇給※

Q15 産休の正式名称は？　　　　　　**A15** 産前産後休業※

※テキスト未掲載だが覚えてほしい用語

1日目　きょうの一問一答①

きょうの力試し問題 ①

カタカナ用語・略語・時事用語

1 ｜ 2・3級

次は、用語とその意味の組み合わせである。中から不適当と思われるものを選びなさい。

① プロモーション ──── 販売促進活動
② プレゼンテーション ── 発表、提示
③ コミッション ──── 使命感
④ イマジネーション ── 想像力
⑤ ローテーション ──── 持ち回り

2 ｜ 2・3級

次は、略語とその意味の組み合わせである。中から不適当と思われるものを選びなさい。

① ATM ── 現金自動預け払い機
② URL ── 企業合併・買収
③ IT ── 情報技術
④ HP ── 公開されているホームページ
⑤ DM ── 宛て名広告

3 ｜ 2級

次は、用語とその意味の組み合わせである。中から不適当と思われるものを選びなさい。

① トレンド ──── 現実的思考
② マニュアル ──── 手引書、入門書
③ オピニオン ──── 意見
④ レンタル ──── 賃貸
⑤ ローン ──── 貸し付け

4 ｜ 2級

次は、用語とその意味の組み合わせである。中から不適当と思われるものを選びなさい。

① アウトソーシング ──── 外部委託
② クオリティー ──── 品質
③ ディーラー ──── 販売業者
④ ネゴシエーション ──── 交渉
⑤ リコール ──── 事業再構築

5 ｜ 2級 ｜ ひっかけ問題

次は、略語とその正式名称の組み合わせである。中から不適当と思われるものを選びなさい。

① 日商 ──── 日本商工会議所
② 日本経団連 ──── 日本経済団体連合会
③ 公取法 ──── 公正取引委託法
④ 独禁法 ──── 独占禁止法
⑤ 労基法 ──── 労働基準法

解答 & 解説 ①

1
- ❶ ○ 販売などの促進活動のこと。
- ❷ ○ 効果的に相手に発表、提示すること。
- ❸ ✗ コミッションとは商取引などでの委託手数料、仲介手数料のこと。
- ❹ ○ 想像や想像力のこと。
- ❺ ○ 順番にその役にあたること。

解答 ❸

2
- ❶ ○ 金融機関などに設置されている機械のこと。
- ❷ ✗ インターネット上の、情報の場所を指定するもの。企業合併・買収は「M&A」という。
- ❸ ○ Information（情報）Technology（技術）の略。
- ❹ ○ インターネット上で公開されているもの。
- ❺ ○ ダイレクトメールと呼ばれ、はがきなどで送られてくる宛て名広告のこと。

解答 ❷

3
- ❶ ✗ 動向や傾向のこと。「最新流行」の意味もある。
- ❷ ○ 機械類などの使用説明書などの意味もある。
- ❸ ○ 社会的なことに関する意見、もしくは世論のこと。
- ❹ ○ 短期間の賃貸のこと。
- ❺ ○ 金融機関などがある条件のもとにお金を貸すこと。

解答 ❶

4
- ❶ ○ 業務の一部を一括して外部に請け負わせる経営手法のこと。
- ❷ ○ クオリティーが「高い」「低い」などという言い方をする。
- ❸ ○ 卸・小売業者を指すこともある。
- ❹ ○ 「折衝する」の意味もある。
- ❺ ✗ 欠陥商品を生産者が公表し、無償回収・修理すること。事業再構築は「リストラクチャリング」といい、収益構造の改善を図ること。

解答 ❺

5
- ❶ ○ 商工業の発展のため、一定地区内で組織される非営利法人のこと。
- ❷ ○ 東証第一部上場企業を中心に構成される団体のこと。
- ❸ ✗ 「公取」がつくのは「公取委＝公正取引委員会」で、このような法律はない。ここがひっかけ。
- ❹ ○ 独占的あるいは競争方法として不公正な行動を防ぐための法のこと。
- ❺ ○ 労働に関する諸条件を規定している、労働法の中心となる法のこと。

解答 ❸

| 一般知識 |

企業のしくみ

受かる人は……
株主総会と**取締役会**の**違い**を明確に覚える

落ちる人は……
株式会社の特徴が押さえられていないのはNG

会社の種類　　　頻出度 ★★

▶ **株式会社**　<u>有限</u>責任（会社が倒産した場合、自己出資分を放棄すればそれ以上の返済義務がないこと）。出資者は<u>株主</u>。
▶ **合同会社**　有限責任。出資者は「社員1人以上」。
▶ **合資会社**　有限責任と無限責任（会社が倒産した場合、自分の財産を処分してでも返済責任を負うこと）がある。出資者は「有限責任社員1人以上」「無限責任社員1人以上」。
▶ **合名会社**　無限責任。出資者は「社員1人以上」。

株式会社の特徴　　　頻出度 ★★★

▶ **株主総会**　会社の意思決定をする経営の<u>最高議決機関</u>のこと。株主総会にて選任されるのは<u>取締役</u>と<u>監査役</u>。
　● 取締役……「重役」「役員」などと呼ばれ、会社の経営を任され責任を負う者。
　● 監査役……会社の経営をチェックする会計監査と取締役の仕事の監査をする者。
▶ **取締役会**　取締役で構成され、経営の基本方針を決定する会。取締役会で<u>代表取締役</u>が選任される。
　● 代表取締役……取締役が複数いる場合に「<u>代表権</u>」を持つ人。「社長」「専務」「常務」などは、法律上の職名ではなく、企業内での呼び方。法律上の言い方は「取締役」「代表取締役」である。
▶ **上場企業**　証券取引所で<u>株式</u>が<u>売買</u>されている会社のこと。
▶ **資本と経営の分離**　資本の出資者（<u>株主</u>）が自分では経営せず、株主総会で選任した<u>取締役</u>に任せること。

- **経営者の責任**
  株主に対しての責任 ➡ 適切な<u>利益</u>配分。
  従業員に対しての責任 ➡ 生活の安定保障。
  消費者に対しての責任 ➡ 適正価格、良質製品・サービスの提供。
  社会に対しての責任 ➡ 被害、損害を与えない企業活動。
- **経営戦略**　企業成長のための中・長期的な経営計画の体系のこと。
- **経営の差別化**　他社との差を明確にし、自社の競争優位を確立すること。
- **経営の多角化**　企業成長のため、数種類の事業を同時経営すること。
- **減量経営**　経費節減、人員削減などスリムな経営規模にすること。
- **PDSサイクル**　P(Plan-計画)➡D(Do-実行)➡S(See-検討)を循環する経営管理の基本。

企業の組織   頻出度 ★

- **組織の構造**

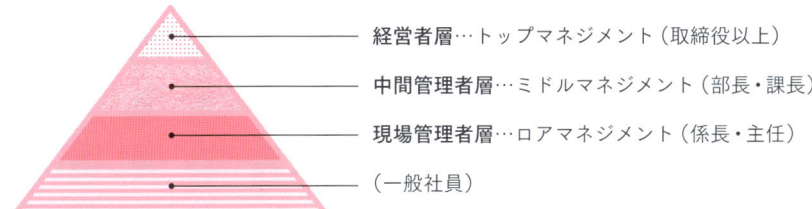

経営者層…トップマネジメント(取締役以上)
中間管理者層…ミドルマネジメント(部長・課長)
現場管理者層…ロアマネジメント(係長・主任)
(一般社員)

- **稟議（りんぎ）制度**　日本の経営の特徴的なしくみで、組織の下位層が<u>起案</u>し、上位層の<u>決裁</u>（あお）を仰ぐ手続きのこと。
- **事業部制組織**　製品別(テレビカメラ事業部など)、地域別(東日本・西日本事業部など)、市場別(家電・音響機器事業部など)に運営上の権限を持ち、それぞれが責任を負う組織。
- **ライン部門**　製造や営業など、企業の収益に<u>直接</u>つながっている部門。
- **スタッフ部門**　総務や経理など、<u>ライン</u>部門を支援する部門。
- **プロジェクトチーム、タスクフォース**
  新規企画、事業開発や問題が発生した際、各部署から人材を集めてチームを組み、実践する組織のこと。目的が達成されたら解散し各部署に戻る。比較的長期にわたるテーマの場合はプロジェクトチーム、<u>緊急性</u>が高い場合はタスクフォース、と区別されることもある。

●職能別組織

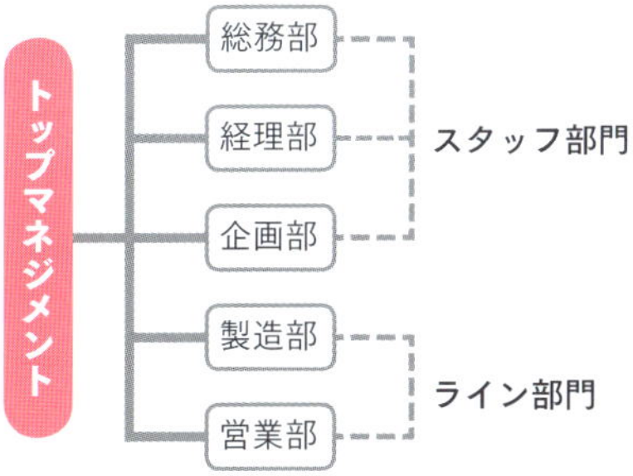

トップマネジメント
- 総務部 ┐
- 経理部 ├ スタッフ部門
- 企画部 ┘
- 製造部 ┐
- 営業部 ┘ ライン部門

一般知識

人事・労務

受かる人は……
昇進と**昇格**の**違い**がわかる

落ちる人は……
人事用語をあやふやにしておくのはNG

人事管理の知識　　頻出度 ★★

- **人事管理**　従業員の地位、能力、異動などに関する事柄を公正かつ適切に図ること。採用、配属、昇格、社員教育など。
- **人事異動**　現在、仕事をしている部署から、ほかの仕事をする部署へ配属が変わること。次のようなものがある。

昇　進	役職や序列が上がる縦の異動（⇔降格） 例：係長 ➡ 課長、課長 ➡ 部長
昇　格	資格や等級が上がること 例：社員1級 ➡ 社員2級（各企業が定めた等級）
降　格	役職や序列が下がること（⇔昇進）
出　向	籍はもとの会社のまま、子会社や関連会社へ一時的に異動すること
左　遷	従来よりも低い地位や目立たない部署へ異動すること（非公式用語）

- **人事考課**　従業員の業務遂行状況や能力を、一定の基準で査定すること。「勤務評定」ともいう。昇進、異動の参考にしたり、給与、賞与の査定に用いたりして、従業員を適材適所に配属する資料とするために行う。
- **自己申告制度**　従業員自身から、職務満足度や能力開発の意欲を伝えたり、配置転換（職種、勤務地など）の希望を会社に申告したりする制度。
- **年功序列賃金制度**　賃金や職位を年齢、学歴、勤続年数により決定する制度。
- **終身雇用制度**　社員が同一の企業で定年まで勤める制度。定年制は、一定の年齢に達した従業員を自動的に退職させること。
- **再雇用制度**　定年者をいったん退職させ、その後改めて雇用すること。

労務管理の知識

頻出度 ★★

- **労務** 会社での、労働に関する事務のこと。
- **労務管理** 労働生産性を高めるため経営者が従業員に対して行う管理のこと。代表的なものは賃金制度、労働条件、福利厚生。
- **就業規則** <u>労働条件</u>、人事制度、服務規程などを定めた会社規則。就業時間、休日、休暇、安全、衛生などの事項を定めている。
- **裁量労働制** 労働時間を個人の判断に任せる制度。何時間働いたかではなく、実績本位で評価する制度。
- **労働三法** 「労働基準法」「労働組合法」「労働関係調整法」の総称。
- **OJT** On the Job Trainingの略。<u>仕事を通じて</u>従業員の訓練を行うこと。
- **OFF-JT** Off the Job Trainingの略。仕事を離れた研修など、職場外で訓練を行うこと。
- **ジョブローテーション** 従業員に計画的にさまざまな分野の仕事をさせ、能力開発をする人材育成法。
- **モラール・サーベイ** 面接やアンケートなどで、従業員のモラール（<u>士気</u>、<u>労働意欲</u>）を測定する手法。企業側は科学的管理の一つとして、労働生産性との関連に注目している。

これらの労務管理を改善・整備することによって、従業員の労働意欲を高め、企業の生産性の向上に結びつけています。

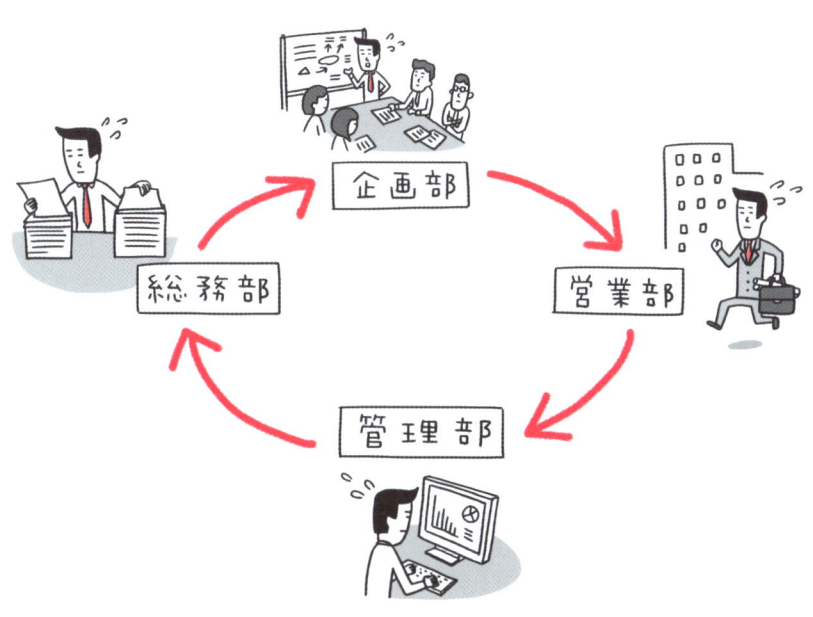

きょうの一問一答 ②

企業のしくみ

Q1	株式会社の出資者は？	A1	株主
Q2	株式会社の責任範囲は？	A2	有限責任
Q3	株式会社の最高議決機関は？	A3	株主総会
Q4	株主総会で選任される人は？	A4	取締役と監査役
Q5	代表取締役は何の会で選任される？	A5	取締役会
Q6	上場企業とは？	A6	証券取引所で株式が売買されている会社
Q7	経営者の株主に対する責任とは？	A7	適切な利益配分
Q8	取締役以上の経営者層のことは？	A8	トップマネジメント
Q9	組織の下位層が起案し、上位層の決裁を仰ぐ手続きは？	A9	稟議制度
Q10	企業成長のための中・長期的経営計画の体系は？	A10	経営戦略
Q11	企業成長のため数種類の事業を同時経営することは？	A11	経営の多角化
Q12	PDSサイクルとは？	A12	Plan（計画）、Do（実行）、See（検討）を循環する経営管理の基本
Q13	新規事業や問題解決のために各部署から人を集めチームを組み、目的が達成されたら解散し、各部署に戻る組織のことは？	A13	プロジェクトチーム

| Q14 | Q13の緊急性が高い場合は？ | A14 | タスクフォース |

人事・労務

Q1	昇進と昇格の違いは？	A1	「昇進」は役職や序列が上がること 例：係長→課長、課長→部長 「昇格」は資格や等級が上がること 例：社員1級→2級〈企業が定めた等級〉
Q2	籍はもとの会社のままで子会社や関連会社へ異動することは？	A2	出向(しゅっこう)
Q3	従業員の業務遂行状況や能力を一定の基準で査定することは？	A3	人事考課
Q4	従業員自身から職務満足度や能力開発の意欲を伝えたり、配置転換の希望を会社に申告したりする制度は？	A4	自己申告制度
Q5	定年者をいったん退職させ、その後、改めて雇用する制度は？	A5	再雇用制度
Q6	労働条件、人事制度、服務規程などを定めた会社規則は？	A6	就業規則
Q7	OJTとは？	A7	仕事を通じて従業員の訓練を行うこと。On the Job Trainingの略
Q8	OFF-JTとは？	A8	仕事を離れた研修など、職場外で訓練を行うこと
Q9	従業員に計画的にさまざまな分野の仕事をさせ能力開発することは？	A9	ジョブローテーション
Q10	従業員の労働意欲を測定する手法は？	A10	モラール・サーベイ
Q11	賃金や職位を年齢、学歴、勤続年数により決定する制度は？	A11	年功序列賃金制度

1日目 きょうの一問一答②

きょうの力試し問題 ②

企業のしくみ／人事・労務

1 〈2・3級〉

次の「　」内の説明は、下のどの用語の説明か。中から適当と思われるものを選びなさい。

「資本の出資者（株主）が自分では経営せず、株主総会で選任した取締役に任せること」

1. 資本と経営の分離
2. 日本的経営
3. 欧米的経営
4. トップマネジメント
5. 株主総会

2 〈2・3級〉

次は、関係のある用語の組み合わせである。中から不適当と思われるものを選びなさい。

1. 人事異動 ────── 昇進
2. 人事考課 ────── 査定
3. 終身雇用 ────── 定年
4. 就業規則 ────── 労働条件
5. 裁量労働制 ───── 出向

3 〈2級〉

次は、株式会社について述べたものである。中から適当と思われるものを選びなさい。

1. 株主総会では、取締役の中からだれを代表取締役にするか決定する。
2. 株式会社の決算とは、出資者（株主）が受け取る、その会社の利益のことである。
3. 株式会社では、資本を提供する株主と会社を経営する者が同一である。
4. 株式会社では、「定款＝企業の活動、事業、組織内容などを定めた根本規則」を作成するが、届け出の必要はない。
5. 株主総会は、会社の意思決定を行う経営の最高議決機関である。

4 〈2級〉

次は、用語とその意味の組み合わせである。中から不適当と思われるものを選びなさい。

1. ジョブローテーション＝従業員に、計画的にいろいろな職場を体験させる育成法
2. OJT＝現場で実際の仕事を通じて、従業員を訓練すること
3. OFF-JT＝現場を離れ、研修所などに集合して従業員を訓練すること
4. モラール＝従業員の労働意欲や士気のこと
5. ルーチンワーク＝必ず毎日行われなければならない日報業務などのこと

5 〈2級〉 ひっかけ問題

次は、用語とその意味の組み合わせである。中から不適当と思われるものを選びなさい。

1. 株主 ──── 株式会社が発行した株式を所有している出資者
2. 上場企業 ── 証券取引所で株式が売買されている会社
3. 福利厚生 ── 企業が従業員のために、保険、住宅、貯蓄、保養などを提供すること
4. 合併会社 ── 有限責任で、出資者は社員1人以上
5. 事業部制 ── 製品別、地域別、市場別などで組織運営すること

解答 & 解説 ②

1日目 きょうの力試し問題 ②

1
- ❶ ⭕ 株主が出資し、経営は経営者に委託すること。
- ❷ ❌ 「日本的経営」とは年功序列、終身雇用、企業別労働組合などが特徴。
- ❸ ❌ 「欧米的経営」とは実力主義が基本で、トップダウン方式が主流の考え方のこと。
- ❹ ❌ 「トップマネジメント」とは取締役以上の企業の経営層のこと。
- ❺ ❌ 「株主総会」とは企業経営の最高議決機関のこと。

解答 ❶

2
- ❶ ⭕ 「昇進」は役職や序列が上がるので、人事異動の一つ。
- ❷ ⭕ 「人事考課」は従業員の能力を一定基準で査定すること。
- ❸ ⭕ 「終身雇用」は社員が同一企業に定年まで勤めること。
- ❹ ⭕ 「就業規則」には労働条件、人事制度、服務規程などが定められている。
- ❺ ❌ 「出向」は、籍はもとの会社のままで子会社などへ異動することなので、裁量労働制とは関係がない。

解答 ❺

3
- ❶ ❌ 「株主総会」で決定するのは「取締役」と「監査役」である。また、数名の取締役の中から「代表取締役」を決定するのは「取締役会」である。
- ❷ ❌ 「決算」は一定期間内の収入・支出の総計算。株主が受け取る利益のことは「配当」という。P.24参照。
- ❸ ❌ 同一ではなく「資本と経営の分離」＝資本の提供者（株主）が自分では経営せず、株主総会で選任した取締役に任せることが特徴である。
- ❹ ❌ 定款を定め、「登記所（法務局管轄）」に届け出なければならない。P.27参照。
- ❺ ⭕ 最高議決機関は株主総会しかない。

「株主総会」と「取締役会」の区別が大切！

解答 ❺

4
- ❶ ⭕ いろいろなことを体験させながら人材育成すること。
- ❷ ⭕ On the Job Training（オン・ザ・ジョブ・トレーニング）の略。
- ❸ ⭕ OFF-JT　Off the Job Training（オフ・ザ・ジョブ・トレーニング）の略。
- ❹ ⭕ モラールは一般的に、集団の感情や意識に対して使われる言葉で、モチベーションは個人に対して使われる。
- ❺ ❌ ルーチンワークとは、日常の決まりきった仕事のこと。

解答 ❺

5
- ❶ ⭕ 基本中の基本。しっかり覚えること。
- ❷ ⭕ 設問のとおり。
- ❸ ⭕ 「福利厚生」はときどき出題される用語なので覚えておくこと。
- ❹ ❌ 合併会社というものはない。この説明は「合同会社」のこと。ここがひっかけ。
- ❺ ⭕ 事業部ごとに独立させ、権限を与えて運営させること。

解答 ❹

[一般知識]

1日目 企業会計・財務

受かる人は……
貸借対照表と損益計算書の違いが言える

落ちる人は……
損益分岐点と減価償却の意味が理解できていないのはNG

企業会計・財務

頻出度 ★★★

- **企業会計** 企業の経営活動を経理面から認識し、評価・測定すること。担当する部門は、財務、経理、会計部（課）など。
- **決算** 一定期間の企業の成績を明らかにすること。
- **連結決算** 親会社と子会社などグループ企業がまとめて行う決算。
- **粉飾決算** 企業の経営状態を実際よりよく見せるため、決算をごまかすこと。
- **決算公告** 決算の結果を一般に告知すること。
- **財務諸表** 「貸借対照表」「損益計算書」および「株主資本等変動計算書」「キャッシュフロー計算書」などのことをいう。決算時に企業が作成する書類。
- **貸借対照表** 決算日の企業の財務状態を表すもので、バランスシートと呼ばれB/Sと略される。資産、負債、資本の状態を明らかにしたもの。
- **損益計算書** プロフィット・アンド・ロス・ステートメントと呼ばれ、P/Lと略される。一定期間（事業年度）の会社の損益を計算し、経営成績を表す。

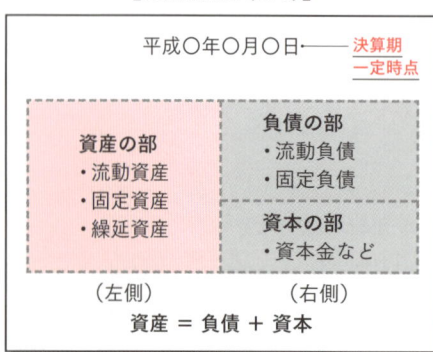

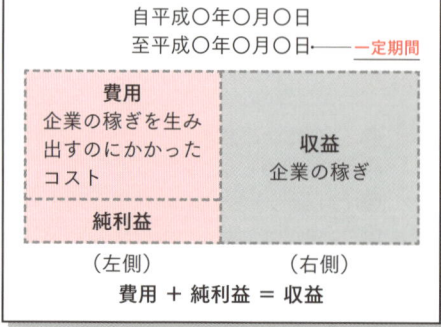

- **株主資本等変動計算書** 会社の純資産の変動を表す計算書。
- **キャッシュフロー計算書** 一定の会計時期における企業の資金の増減を明らかにした計算書。
- **債権・債務** 債権は貸した金を請求し、返してもらう権利のこと。債務は借金を返さなくてはいけない義務を負っていること。
- **資産** 企業が所有するすべての財産や権利のこと。
- **負債** 企業が返済すべきすべての債務のこと。
- **流動資産** 現金、受取手形、商品など、1年以内に現金化できる資産。
- **固定資産** 複数年使用する、土地、建物、工場などの資産。
- **繰延資産** 10年間使用の権利金を支払った場合など、一度に経費とせず10年間に分割して計上すること。
- **含み資産** 現時点の資産の市場評価価値から帳簿上の資産価額を引いた差額。
- **一般管理費** 日常活動に必要な企業の費用(人件費、賃貸料、交通費、交際費など)のこと。
- **売掛金・買掛金** 売掛金は、商品を売ってまだ支払ってもらっていない代金。買掛金は、商品を買って(仕入れて)まだ支払っていない代金のこと。
- **社債** 株式会社が資産調達のために発行する債券。
- **損益分岐点** 売上高(収益)と費用が一致するところ。利益も損失も出ない境界点のこと。
- **減価償却** 建物や機械などの資産が使用されることにより、価値が減った分を費用とみなして経理上の処理をすること。
- **源泉徴収** 会社が給与や賞与を支払う際に、所得税を天引きして、個人に代わって国に納付する制度。
- **年末調整** 会社員は、毎月の給与から所得税を概算で源泉徴収されているため、正確な所得税と異なることがある。これを年末に正確な税額を算出・精算し、調整すること。

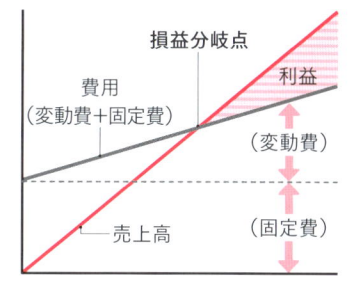

- **棚卸し** 商品などの在庫量を帳簿と照合して調べ、その数量を金額に換算すること。
- **税金の種類** 税金は、次のように分けられる。

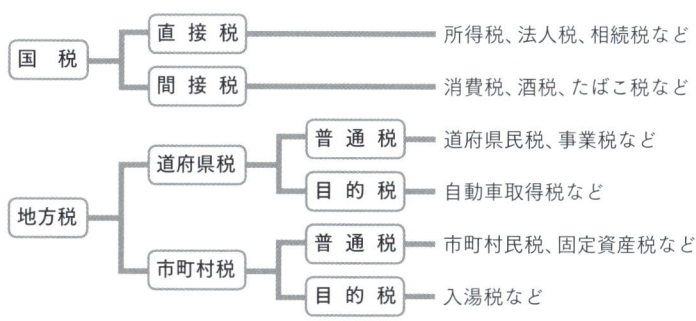

一般知識

1日目 企業法務

受かる人は……
小切手と**手形**の**違い**が言える

落ちる人は……
小切手や手形の種類を整理できていないのはNG

有価証券と小切手   頻出度 ★★★

▶ **有価証券** 財産権を表示し、<u>売買</u>ができる証券（手形、小切手、株式、社債、商品券）のこと。
▶ **小切手** 現金の代わりとなる、<u>支払証券</u>という機能を持った有価証券。

● 小切手の使われ方

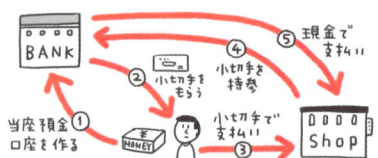

銀行に現金を預けて当座預金*口座を作ると、銀行から小切手がもらえる。支払いの際に、この小切手に支払金額を書いて相手に渡す。相手がその小切手を銀行に持参すると、小切手と引き替えに現金を支払ってくれる。つまり、銀行が支払事務の代行をしてくれている。

＊当座預金：小切手を振り出せる預金。振り出した小切手が銀行に呈示されると、銀行はその当座預金口座から小切手に記された金額を支払う。銀行に企業の支払事務の代行をしてもらうための預金。利子はつかない。

◆ **線引小切手（横線小切手）**
振出人が支払銀行に対して、受取人（所持人）に指定の金額を支払うよう委託した小切手。受取人がいったん<u>自分の口座</u>に預けないと現金化できない小切手。「一般線引小切手」と、特定の銀行名がある「特定線引小切手」がある（紛失防止、不正取得者に支払わないようにするため）。

◆ **先付小切手（先日付小切手）**
振り出しの日付を実際の振出日よりあとに設定している小切手のこと。

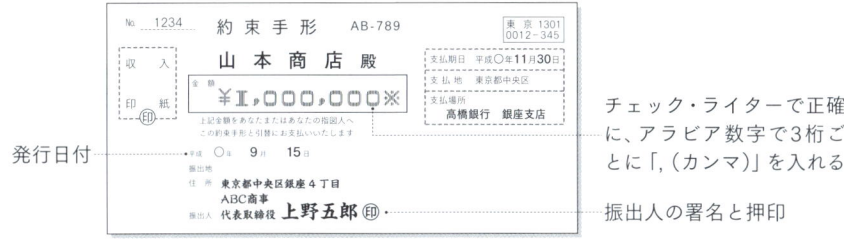

発行日付

チェック・ライターで正確に、アラビア数字で3桁ごとに「，(カンマ)」を入れる

振出人の署名と押印

- ▶ **手形** 信用・約束証券の機能を持つ有価証券。
- ▶ **約束手形** 振出人が受取人に対して、<u>一定の期日</u>に一定の金額を支払うことを約束した証券。一般的に、銀行が支払人として委託され支払う。裏書(下記参照)することによって、他人に譲渡できる。
- ▶ **為替手形** 受取人に支払うように、振出人が支払人に委託した証券。
- ▶ **手形割引** 手形の所持人が手形の支払期日以前に、支払期日までの利息や手数料を差し引いて、<u>現金化</u>すること。短期資金調達を目的に使われる。
- ▶ **不渡手形** 支払銀行において、預金不足のために引き受けや支払いを拒絶された手形のこと。6か月以内に2回出すと取引停止処分を受け、事実上の<u>倒産</u>となる。
- ▶ **裏書** 第三者に手形や小切手を<u>譲渡</u>する際、その裏面に所持者が譲渡する旨の署名捺印をすること。
- ▶ **捨印** 文書の訂正が発生したときのために、あらかじめ押印しておく印のこと。
- ▶ **割印** 2枚の書類に<u>またがって</u>押す印。
- ▶ **訂正印** 訂正箇所の近くの欄外などに「○文字削除、○文字加筆」などと記入して押す印。
- ▶ **代表印** 会社の正式な印鑑。個人の実印にあたる。形は丸や四角などがある。
- ▶ **公印** 地方公共団体などの印。
- ▶ **収入印紙** 国庫収入となる手数料や税金を納入するときに利用するもの。金額により種類がある。印紙税の課税対象となる文書に貼る。印紙税の納入方法の一つとして、印紙に<u>消印</u>を押す。切手を売っているところで買える。
- ▶ **登記** 法律上の権利関係を確実にするため、<u>登記簿</u>に必要事項を記載する手続き。会社設立時や不動産に関する権利の移動があったときなどに行う。
- ▶ **倒産と破産** 会社経営が行き詰まり、振り出した手形が不渡りになって支払いができなくなる状態が倒産。再建が見込めない場合は破産となる。
- ▶ **会社更生法** 資金繰りなどで経営に行き詰まった会社を、破産させずに再建させることを目的とした法律。
- ▶ **民事再生法** 経営不振の企業が倒産する前に裁判所に<u>再建手続き</u>を申し出て、事業の維持・再建を図ることを目的とした法律。
- ▶ **担保** 債務が実行されない場合を想定し、あらかじめ債務者が、債権者に預けて弁済(債務の弁償)の手段とされるもの。
- ▶ **抵当** 債務の<u>不履行</u>に備えて、債務者が債権者に渡しておく品物や権利。
- ▶ **背任** 地位や役職を利用して自分の利益を図り、会社などに<u>損害</u>を与えること。
- ▶ **定款** 会社の、組織や運営に関する基本事項を定めた会社の憲法といわれるもの。

一般知識

生産管理・マーケティング

受かる人は……
マーケティングの用語だけ頭に入れればOK

落ちる人は……
細部まで暗記するのはムダ

生産管理の知識　頻出度 ★

- **生産管理**　適切な品質の製品を、適切な量で、適切な時間内に、適切な費用で作るための管理のこと。
- **QC活動**　QC（クオリティー・コントロール）は品質管理のこと。製品の品質をよくして、消費者ニーズに合ったものを作る活動。
- **TQC**　総合品質管理のこと。QC活動に加えて、非製造・生産部門も含めた全体的な活動。
- **ZD運動**　Zero Defectsの略で、無欠点運動のこと。生産段階で欠陥をなくす運動。

マーケティングの知識　頻出度 ★

- **マーケティング**　製品やサービスが生産され消費者の手に渡るまでの、一連の商業活動のこと。一般的に次の流れになる。

市場調査 マーケティングリサーチ	● 消費者がどのようなサービスや商品を求めているかを調査する 
↓	
製品計画	● 市場調査に基づき、消費者が求める製品を製造するため計画する
↓	
販売計画	● 需要予測に基づき、目標売上高を決定。達成可能な計画を立てる 
↓	

価格政策	● 適正利益を見込んだ価格を設定する
販売促進	● 商品の特性や価格を消費者にアピールしたり、販売強化キャンペーン（おまけつき、賞金が当たる）などを実施したりする
広告・宣伝	● テレビ、新聞、インターネットなどのマスコミを利用して商品情報を提供し、消費者の購買を促す 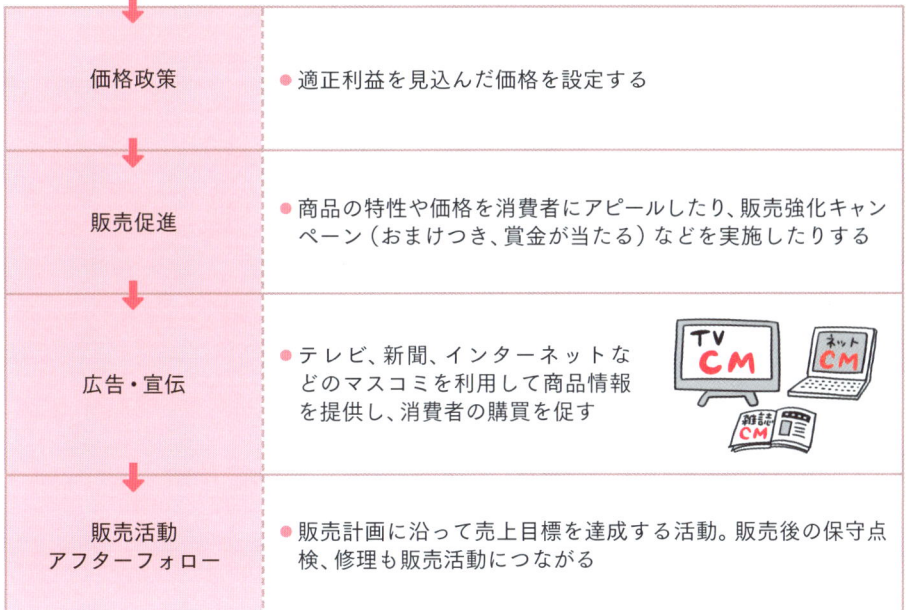
販売活動 アフターフォロー	● 販売計画に沿って売上目標を達成する活動。販売後の保守点検、修理も販売活動につながる

▶ **市場細分化**　マーケットセグメンテーションともいう。市場を地域や顧客属性など各需要層に細かく分類して、それぞれに適した販売活動を行うこと。

▶ **マーチャンダイジング**　商品化計画のこと。消費者ニーズに応じた商品をいつ（時期）、いくら（価格）、どれくらい（数量）提供するか計画し実行すること。

▶ **アンテナショップ**　消費者の動向を調べるために造られた店舗。

▶ **POP広告**　販売時点広告のこと。パネルやポスター、ディスプレーなど店頭に設置される宣伝広告をいう。

▶ **バナー広告**　バナーは旗や横断幕という意味。インターネットのホームページにある帯状の広告。広告をクリックすると広告主のホームページが開き、詳しい情報を見ることができる。

▶ **キャンペーン**　組織的な宣伝活動のこと。企業では販売促進活動の一環として、商品の売上強化を図る目的で実施される。

▶ **インセンティブ**　誘引、刺激。特に業績向上のためのさまざまな刺激。売上げを伸ばすための景品や、自社の販売員や販売店に出す報奨金（物）など。

▶ **プレミアム**　商品につける景品。手数料や割増金の意味もある。

▶ **POSシステム**　販売時点情報管理システム。販売時に販売情報が収集・把握できるシステム。

▶ **ライフサイクル**　商品寿命のこと。商品が市場に出てから、普及、廃棄に至るまでの過程。

きょうの一問一答 ③

企業会計・財務

Q1	親会社と子会社など、グループ企業がまとめて行う決算は？	**A1** 連結決算
Q2	決算時に企業が作成する、「貸借対照表」「損益計算書」「キャッシュフロー計算書」「株主資本等変動計算書」などのことは？	**A2** 財務諸表
Q3	決算日の会社の財務状態（資産・負債・資本）を表した「貸借対照表」の別の言い方は？	**A3** B/S（バランスシート）
Q4	一定期間（年度）の会社の損益を計算し、経営成績を表にした「損益計算書」のことは？	**A4** P/L（プロフィット・アンド・ロス・ステートメント）
Q5	会社の純資産の変動を表す計算書は？	**A5** 株主資本等変動計算書
Q6	一定の会計時期における企業の資金の増減を明らかにした計算書は？	**A6** キャッシュフロー計算書
Q7	現金、受取手形、商品など1年以内に現金化できる資産は？	**A7** 流動資産
Q8	複数年使用する土地、建物、工場などの資産は？	**A8** 固定資産
Q9	売上高（収益）と費用が一致する、利益も損失も出ない境界点のことは？	**A9** 損益分岐点
Q10	会社が給与や賞与を支払う際に、所得税を天引きして、個人に代わって国に納付する制度は？	**A10** 源泉徴収

Q11	源泉徴収が概算で行われているため、年末に正確な税額を算出・精算し、調整することは？	**A11**	年末調整

企業法務

Q1	小切手、手形、証券など、財産権を表示し、売買ができる証券のことは？	**A1**	有価証券
Q2	現金の代わりをする、支払証券という機能を持った有価証券は？	**A2**	小切手
Q3	小切手の主な2つの種類とは？	**A3**	線引小切手（横線小切手）と先付小切手（先日付小切手）
Q4	信用・約束証券の機能を持つ有価証券は？	**A4**	手形
Q5	手形の主な2つの種類とは？	**A5**	約束手形と為替手形
Q6	預金不足のために引き受けや支払いを拒絶された手形は？	**A6**	不渡手形
Q7	国庫収入となる手数料や税金を納入するときに使うのは？	**A7**	収入印紙
Q8	債務の不履行に備えて債務者が債権者に渡しておく品物や権利は？	**A8**	抵当
Q9	「情報公開」「企業内容開示」とは？	**A9**	ディスクロージャー※

生産管理・マーケティング

Q1	消費者がどのようなサービスや商品を求めているか調査することは？	**A1**	市場調査（マーケティングリサーチ）
Q2	市場を地域や顧客属性などで細かく分類し、適した販売活動を行うことは？	**A2**	市場細分化（マーケットセグメンテーション）
Q3	POSシステムとは？	**A3**	販売時点情報管理システム

※テキスト未掲載だが覚えてほしい用語

きょうの力試し問題 ③

企業会計・財務／企業法務／生産管理・マーケティング

1 2・3級

次の「　」の説明は、下のどの項目のことか。中から適当と思われるものを選びなさい。

「売上高と費用が一致するところで、利益と損失の分かれ目となる売上高のこと」

❶ 損益分岐点
❷ 収益分岐点
❸ 変動費分岐点
❹ 固定費分岐点
❺ 利益分岐点

2 2・3級

次は、用語とその意味の組み合わせである。中から不適当と思われるものを選びなさい。

❶ 小切手 ──────── 支払証券
❷ 先付小切手 ─────── 振出日を前倒し
❸ 手形 ──────── 有価証券
❹ 捨印 ──────── あらかじめ押印
❺ 収入印紙 ──────── 消印

3 2・3級

次の「　」の説明は、下のどの項目のことか。中から適当と思われるものを選びなさい。

「製品やサービスが生産され消費者の手に渡るまでの一連の商業活動」

❶ ライフサイクル
❷ キャンペーン
❸ マーチャンダイジング
❹ マーケティング
❺ マーケティングリサーチ

4 2級

次は、用語とその意味の組み合わせである。中から不適当と思われるものを選びなさい。

❶ 損益計算書 ──────── P/L
❷ 貸借対照表 ──────── B/S
❸ キャッシュフロー計算書 ──── 一定期間の資金の流れ
❹ 株主資本等変動計算書 ──── 純資産の変動
❺ 連結決算 ──────── 棚卸し

5 2級

次は、用語とその意味の組み合わせである。中から不適当と思われるものを選びなさい。

❶ 不良債権＝返してもらえないかもしれない、貸したお金のこと
❷ 不渡手形＝約束の日に支払いを受けられなかった手形のこと
❸ 資金繰り＝事業資金をやりくりすること
❹ 代表印＝代表取締役の印のこと
❺ 所得控除＝所得税を計算するとき、課税所得額から基礎控除、医療費控除などを引くこと

解答 & 解説 ③

		解答
1	❶ ⭕ ポイントは2つ。 「売上高（利益）と費用が一致するところ」であり、かつ利益も損失も出ない、つまり「分かれ目となる」のが損益分岐点である。 ❷〜❺ ❌ 会計用語として、このような言葉はない。	❶
2	❶ ⭕ 「小切手」は現金の代わりになる支払証券という機能を持つ。 ❷ ❌ 「先付小切手」は、振り出しの日付を実際より「あと」に設定している小切手のこと。 ❸ ⭕ 「手形」は、信用・約束証券という機能を持つ有価証券である。 ❹ ⭕ 「捨印（すていん）」は、文書の訂正が発生したときのためにあらかじめ押印しておく印のこと。 ❺ ⭕ 印紙税の納入方法の一つとして印紙に消印を押す。	❷
3	❶ ❌ 「商品寿命」のことで、商品が市場に出て、普及、廃棄に至るまでの過程のこと。 ❷ ❌ 組織的な「宣伝活動」のことで、商品の売上強化を図る目的で行われる。 ❸ ❌ 「商品化計画」のことで、消費者ニーズに応じた商品をいつ、いくらで、どれくらい提供するか計画し、実行すること。 ❹ ⭕ 「一連の商業活動」と覚えること。 ❺ ❌ 「市場調査」のことで、消費者がどのようなサービスや商品を求めているかを調査すること。	❹
4	❶ ⭕ 「プロフィット・アンド・ロス・ステートメント」のこと。 ❷ ⭕ 「バランスシート」のこと。 ❸ ⭕ 一定期間の企業の資金の増減（流れ）を明らかにしたもの。 ❹ ⭕ 会社の純資産の変動を表した計算書。 ❺ ❌ 「連結決算」とはグループ企業がまとめて行う決算のことで、「棚卸し」とは商品の在庫量を帳簿と照合することなので、関係がない。	❺
5	❶ ⭕ 一般的に「不良債権」は金融機関（銀行など）が企業に貸したお金の元金、利子が回収できないことをいう。 ❷ ⭕ 預金不足のため支払いを受けられなかった手形。 ❸ ⭕ お金を借りたり（借入れ）、売掛金（うりかけきん）を回収したりして、事業資金をやりくりすること。 ❹ ❌ 代表印とは代表取締役の印ではなく、「会社の正式な印」なので不適当。 ❺ ⭕ 控除額を引いて確定申告をする。	❹

1日目　きょうの力試し問題 ③

きょうの力試し問題 ④

企業会計・財務／企業法務／生産管理・マーケティング

1 〈2級〉

次は、用語とその意味の組み合わせである。中から不適当と思われるものを選びなさい。

❶ コンプライアンス ─── 法令遵守
❷ 民事再生法 ─── 再建手続き
❸ ディスクロージャー ─── 情報公開
❹ 抵当 ─── 債務不履行
❺ 定款 ─── 就業規則

2 〈2級〉

次は、用語とその意味の組み合わせである。中から適当と思われるものを選びなさい。

❶ マーチャンダイジング＝適切な時期、価格、数量など商品化するための計画とその遂行のこと
❷ マーケットセグメンテーション＝市場の初期動向を早くつかみ、ターゲットとする消費者を絞り込むこと
❸ POSシステム＝パネル、ポスターなど店頭に設置される宣伝システムのこと
❹ キャンペーン＝需要予測に基づき目標売上高を決定し実行する期間のこと
❺ アンテナショップ＝特に商品の売上げを強化する目的で造られた店のこと

3 〈2級〉 ひっかけ問題

次の用語の説明の中から、不適当と思われるものを選びなさい。

❶ 「固定資産」とは、企業が長期的に所有または使用する資産のこと。
❷ 「一般管理費」とは、事業活動をするうえで必要とする基本的な経費のこと。
❸ 「株主資本等変動計算書」とは、会社の純資産の変動を表したもの。
❹ 「貸借対照表」とは、決算日における会社の負債状態を表したもの。
❺ 「損益計算書」とは、一定期間の企業の損益を計算し、経営成績を表したもの。

4 〈2級〉 ひっかけ問題

次は、用語とその説明である。中から不適当と思われるものを選びなさい。

❶ 線引小切手＝別名「横線小切手」と呼ばれている
❷ 裏書（うらがき）＝手形や小切手を第三者に譲渡するとき、譲渡することを記入すること
❸ 約束手形＝振出人が一定期日に支払うことを約束した、有価証券
❹ 手形割引＝支払期日までの利息や手数料を差し引いて、現金化すること
❺ 先付小切手＝振出日をあとに設定している小切手のこと

5 〈2級〉 ひっかけ問題

次は、用語の説明である。中から不適当と思われるものを選びなさい。

❶ 「バナー広告」とは、インターネットのホームページにある帯状の広告のこと。
❷ 「インセンティブ」とは業績向上のためのさまざまな刺激のことで、景品や報奨金などのこと。
❸ 「POP広告」とは、パネルやディスプレーなど店頭に設置される宣伝広告のこと。
❹ 「ZD運動」とはZero Defectsの略で、欠品にならないようにする活動のこと。
❺ 「QC活動」とは、製品の品質をよくする活動のこと。

解答 & 解説 ④

1
- ❶ ⭕ 「コンプライアンス」とは、会社が社会規範や企業倫理を守ること。
- ❷ ⭕ 「民事再生法」とは経営不振の企業が倒産する前に裁判所に再建手続きを申し出て、事業維持・再建を図る法律。
- ❸ ⭕ 「ディスクロージャー」とは会社が利害関係者に事業内容や事業成果、財務状況などの情報を開示すること。
- ❹ ⭕ 「抵当」とは債務の不履行に備えて、債務者が債権者に渡しておく品物や権利。
- ❺ ✖ 「定款」とは企業の組織や運営に関する基本事項を定めたもので、会社設立時に必ず作成するもの。「就業規則」は労働条件、人事制度、服務規程などを定めた会社規則のことなので関連がない。

解答 ❺

2
- ❶ ⭕ マーチャンダイジングは「商品化計画」と覚えること。
- ❷ ✖ 市場細分化のことで、市場を地域、年齢、性別など細かく分類し、適した販売活動を行うこと。
- ❸ ✖ 「販売時点情報管理システム」のことで、販売時点で何が売れているか、どんな人が買ったかなどの情報が収集できるシステム。
- ❹ ✖ 販売促進の一環として行われる、組織的な宣伝活動のこと。
- ❺ ✖ 消費者の「動向」を調べるために作られた店のこと。

解答 ❶

3
- ❶ ⭕ このとおりで、土地、建物、工場などがそれにあたる。
- ❷ ⭕ このとおりで、人件費、賃貸料など日常活動全般にかかる費用。
- ❸ ⭕ このとおりで「貸借対照表(B/S)」や「損益計算書(P/L)」だけでは資金の増減が把握しにくいために作成される。
- ❹ ✖ 決算日における「財務状態」を表したもので、負債だけではなく、資産や資本の状態も含まれる。ここがひっかけ。
- ❺ ⭕ このとおりで「一定期間の経営成績」がポイント。

解答 ❹

4
- ❶ ⭕ このとおりで、小切手のすみに2本の平行線がある。
- ❷ ✖ 裏書とは譲渡することを記入するのではなく「署名捺印」すること。ここがひっかけ。
- ❸ ⭕ 約束手形は「一定期日に支払う約束」と覚える。
- ❹ ⭕ 手形割引は「利息や手数料を差し引く」と覚える。
- ❺ ⭕ 先付小切手は「振出日をあとに設定」と覚える。

解答 ❷

5
- ❶ ⭕ バナーとは旗、横断幕という意味。
- ❷ ⭕ 売上げアップの目的として行われる。
- ❸ ⭕ 「販売時点広告」と覚える。
- ❹ ✖ Zero Defects(ゼロディフェクツ)の略は合っているが、意味は「無欠点運動」で、生産段階で欠陥をなくす運動のこと。ここがひっかけ。
- ❺ ⭕ QCとは、クオリティー・コントロール(品質管理)のこと。

解答 ❹

COLUMN my 失敗談①

「社会人経験があるから簡単に合格すると思っていました」

　社会人になって3年目になる浅田さんは、専門商社の人事部で主に新卒採用の仕事を担当しています。若手としてこれからの成長を期待されていることもあり、上司から「何か資格に挑戦してみてはどうか」と勧められました。そこで書店に立ち寄り、資格のコーナーでいくつかの参考書をめくってみました。そこですぐに目に留まったのが秘書検定でした。パラパラと中を見てみると「マナー・接遇」というタイトルがありました。すぐに思い浮かんだのは、他の企業の人との応対を臨機応変にこなす先輩の姿です。人事部の仕事は外部の人と接する機会も多く「よし、これだ！ 受験まで2か月もあるし」と浅田さんは決意し、即、参考書を購入しました。

　しかしよく考えてみたら、人事部はこれからが一番忙しい時期。それでも彼女は「自分には社会人の経験が少なからずあるし、仕事で多くの人と接しているので大丈夫」と考え、平日は遅くまで業務に取り組んでいました。ふと気がつくと試験日まであと2週間です。あわてて参考書を手に取り、練習問題だけ解けばなんとかなるだろうと始めてはみたものの、浅田さんは焦ります。「まずい！ 猛勉強とはいかないまでも、きちんとした対策が必要な資格だ。甘くない！」と痛感したのです。しっかり勉強をしていればこんなに焦らなかったのにと後悔しました。

　結果はやはり「不合格」でした。悔しい思いをした浅田さんは、再チャレンジを心に決めました。そして通勤時間や昼休み、帰宅後などのすきま時間を使って参考書に向き合い、猛勉強をしました。そのかいあって2度目は見事に合格です！　上司に報告すると、とても喜んでくれ、その後の仕事の励みにもなりました。その姿を見ていたのか、後輩が「私も受験してみたいです」と相談してきました。浅田さんは「私のように社会人経験があるから簡単に合格すると思っていると不合格になるよ」「これまでの仕事で活かせる知識と、そうでない知識があるからしっかりと対策を立てて勉強したほうがいいよ」とアドバイスをしました。

　秘書検定の勉強を通じて悔しい思いはしたけれども、自分の成長も感じた浅田さんでした。

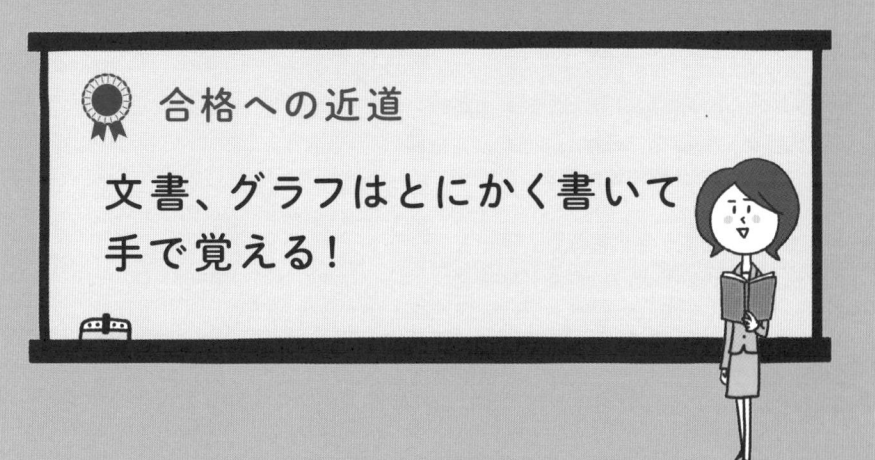

技能 その1

35問中、「技能」から **10問** 出題
（マークシート8問　記述2問）

🎖 合格への近道

文書、グラフはとにかく書いて手で覚える！

2日目 技能 その1 会議と秘書の業務

受かる人は…… 6種類の会議形式の違いがわかる

落ちる人は…… 会議用語の意味があいまいで理解できていないのはNG

会議の種類　頻出度 ★

▶ **主要会議**（法律で任意に開催が義務づけられている）
- 株主総会……
  - ❶ 経営の最高議決機関、最高意思決定機関
  - ❷ 「取締役」「監査役」の選任
- 取締役会……
  - ❶ 業務執行上の意思決定機関
  - ❷ 取締役全員がメンバー
  - ❸ 「代表取締役」の選任

▶ **付属会議**（各企業が独自に行う会議）
- 常務会………
  - ❶ 別名「役員会」「重役会」
  - ❷ 社長、副社長、専務、常務などがメンバー
  - ❸ 実質的な会社運営の意思決定機関

会議の形式　頻出度 ★★

❶ **パネル・ディスカッション** 意見が異なるパネリストが相互に討論。その後、聴衆から質問や意見を受ける	❷ **シンポジウム** そのテーマの専門家が講演形式で発表。学術会議などに用いられることが多い
❸ **バズ・セッション** 小グループに分かれて話し合ったあと、グループの代表者が意見を発表し合う	❹ **ブレーンストーミング** 人の意見を批判しないで、自由にアイデアを出し合う
❺ **フォーラム** 参加資格を問わない、公開討論会	❻ **円卓会議** 席次を定めず、20人くらいまでで行う。フリートーキング

円卓会議は、円卓を使って設営。ただし、円卓がなければ四角いテーブルで行うことも！

▶ **会議用語**

招集	会議開催のためにメンバーを集めること。国会では「召集」
議案	会議で協議される議題のこと
定足数（ていそくすう）	会議開催のために必要な最少人数のこと
採決	挙手、起立、投票などで、議案の可否を決めること
一事不再議の原則（いちじふさいぎ）	会議でいったん決定したことは、その会期中は二度と審議できないこと
動議	会議中に予定された議題以外のものを口頭で提案すること。もしくは口頭で会議の議決を求める意見を出すこと
諮問（しもん）	上位機関（者）が下位機関（者）に意見を求めること
答申（とうしん）	諮問（上位機関からの尋ね）に対する答え
分科会	全体会議の下に設けられた専門分野ごとの小会議
キャスティングボート	採決のとき、同数の場合に議長が投ずる票のこと
コンベンション	多くの議題があり、2日以上にわたる大規模会議

会議における秘書の仕事〈準備・案内・会場設営〉 頻出度 ★

▶ **参加者選出** 上司の指示に基づき、参加予定者をリストアップし了承を得る。
▶ **会場予約**
  ● 上司の希望を先に確認する。
  ● 予算を確認する。
  ● 空き状況を調べ上司が選定し、秘書が秘書である自分の名前で予約する。
▶ **開催の案内（社内の場合）** 文書で案内するのが正式だが、電話、Ｅメール、簡単な文書での連絡が一般的。
▶ **開催の案内（社外の場合）** 開催1か月くらい前に案内状（文書）を送付する。
▶ **案内状の項目（社外の場合）**
  ● 会議の名称
  ● 開催日時（終了時刻を忘れずに記載する）
  ● 開催場所（地図、問合せ先、部屋の名称、駐車場の有無を別紙で添える）
  ● 議題
  ● 出欠の連絡方法と締切日
  ● 主催者（事務局）の連絡先（担当者名）
  ● 食事の有無　● 添付書類
▶ **オブザーバー**（P.8「カタカナ用語」参照）　席は後方。
▶ **記録係**　席は前のほう。
▶ **名札の準備**　社外の出席者には名札（席次）を準備（通常の社内会議には不要）。

▶ 設営

● コの字型　　● V字型 　　● 教室型

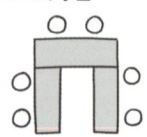

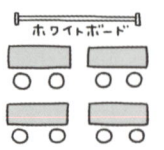

● 円卓型 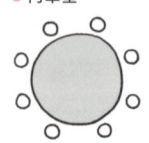　　● ロの字型

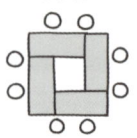

会議における秘書の仕事の流れ　　✏ 頻出度 ★

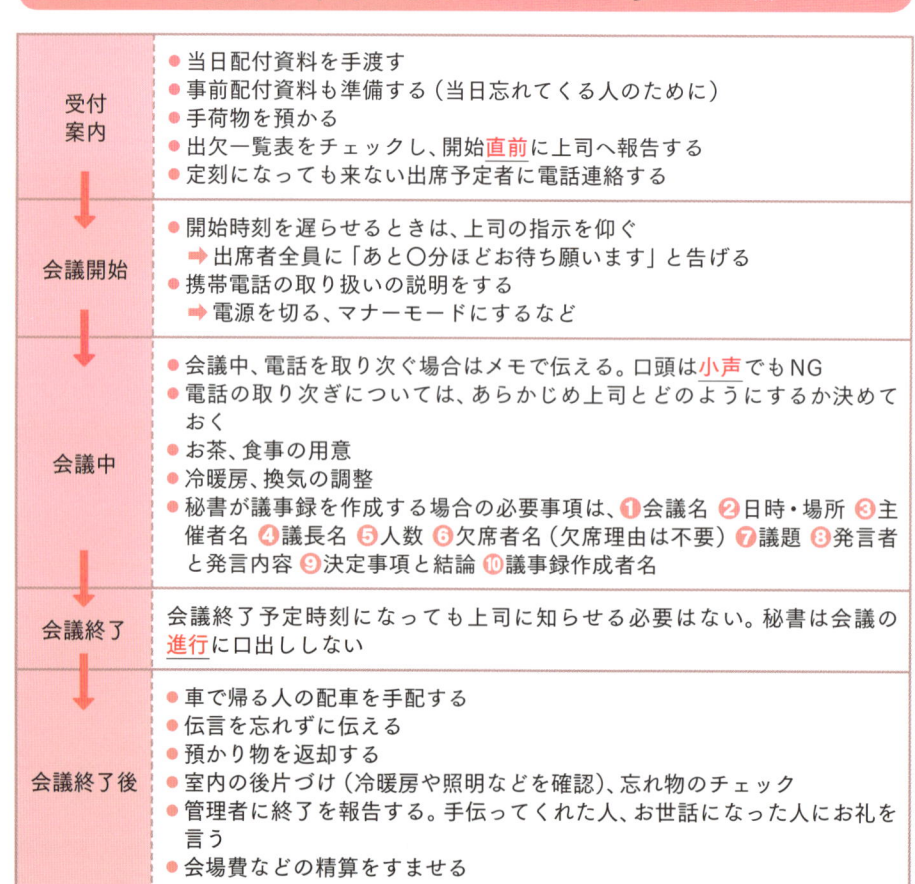

受付案内	● 当日配付資料を手渡す ● 事前配付資料も準備する（当日忘れてくる人のために） ● 手荷物を預かる ● 出欠一覧表をチェックし、開始直前に上司へ報告する ● 定刻になっても来ない出席予定者に電話連絡する
会議開始	● 開始時刻を遅らせるときは、上司の指示を仰ぐ 　➡ 出席者全員に「あと〇分ほどお待ち願います」と告げる ● 携帯電話の取り扱いの説明をする 　➡ 電源を切る、マナーモードにするなど
会議中	● 会議中、電話を取り次ぐ場合はメモで伝える。口頭は小声でもNG ● 電話の取り次ぎについては、あらかじめ上司とどのようにするか決めておく ● お茶、食事の用意 ● 冷暖房、換気の調整 ● 秘書が議事録を作成する場合の必要事項は、❶会議名 ❷日時・場所 ❸主催者名 ❹議長名 ❺人数 ❻欠席者名（欠席理由は不要）❼議題 ❽発言者と発言内容 ❾決定事項と結論 ❿議事録作成者名
会議終了	会議終了予定時刻になっても上司に知らせる必要はない。秘書は会議の進行に口出ししない
会議終了後	● 車で帰る人の配車を手配する ● 伝言を忘れずに伝える ● 預かり物を返却する ● 室内の後片づけ（冷暖房や照明などを確認）、忘れ物のチェック ● 管理者に終了を報告する。手伝ってくれた人、お世話になった人にお礼を言う ● 会場費などの精算をすませる

2日目 きょうの一問一答 ①

会議と秘書の業務

Q1 公開討論会の形式の会議を何というか？
A1 フォーラム

Q2 主に学術会議で用いられ、そのテーマの専門家が講演形式で行う会議を何というか？
A2 シンポジウム

Q3 会議開催のために必要な最少人数のことを何というか？
A3 定足数

Q4 会議でいったん決定した事項は、その会期中は二度と審議できないことを何というか？
A4 一事不再議の原則

Q5 諮問と答申を、それぞれ説明せよ。
A5 上位機関（者）が下位機関（者）に意見を求めることが「諮問」で、それに対する答えが「答申」

Q6 会議の会場はだれの名前で予約するか？
A6 秘書の名前で予約する

Q7 会議の受付をしている秘書として、開始時刻間近になっても来ない人へはどう対応するか？
A7 出欠一覧表でチェックし、上司に報告。その後、出席予定者へ電話連絡する

Q8 会議開始を遅らせる場合は上司の指示を仰ぎ、出席者に何と伝えるか？
A8 「あと○分ほどお待ち願います」

Q9 会議中、電話を取り次ぐときは何で伝えるか？
A9 メモ
＊会議直前なら口頭でもよい

Q10 会議終了予定時刻になっても終わりそうもない場合はどうするか？
A10 上司に知らせる必要はない。秘書は進行に口出ししない

きょうの力試し問題 ①

会議と秘書の業務

1 [2・3級]

次は秘書A子が、上司主催の社外会議の案内状に書いた項目である。中から不適当と思われるものを選びなさい。

❶ 出欠の連絡方法と欠席理由
❷ 会議の名称
❸ 議題
❹ 開催日時・場所
❺ 主催者(事務局)の連絡先と担当者名

2 [2・3級]

次は、会議の形式とその説明の組み合わせである。中から不適当と思われるものを選びなさい。

❶ パネル・ディスカッション ── 意見が異なるパネリスト
❷ ブレーンストーミング ── 専門テーマの講演
❸ シンポジウム ── 学術会議
❹ フォーラム ── 公開討論会
❺ バズ・セッション ── 小グループに分かれて話し合う

3 [2級]

次は、用語とその意味の組み合わせである。中から不適当と思われるものを選びなさい。

❶ 動議 = 提出されたが、意見が分かれ結論が得られなかった議案のこと
❷ 採決 = メンバーが挙手、起立、投票などで議案の可否を決めること
❸ 定足数 = 会議開催のために必要な最低限の出席人数のこと
❹ 諮問 = 上位の機関が、付設の委員会などに意見を求めること
❺ 一事不再議の原則 = いったん議決したことをその会期中は二度と審議できないこと

4 [2級]

次は秘書A子が、社外からの出席がある上司主催の会議のときに行っていることである。中から不適当と思われるものを選びなさい。

❶ 会議の設営や、会議に必要な用具の確認を前もって行っている。
❷ 開始時刻になっても来ない人には、電話で確認するようにしている。
❸ 席順をどのようにするか、上司に確認している。
❹ 飲み物はいつ頃、何回出すか、前もって確認している。
❺ 会議の終了予定時刻を大幅に過ぎたので、そのことを上司にメモで知らせている。

5 [2級] ひっかけ問題

次は、会議について述べたものである。中から適当と思われるものを選びなさい。

❶ 秘書は事務局の仕事があるので議事録の作成者にはならない。
❷ 秘書は記録係をし、録音が正確になされていることに気を配る。
❸ 会場の予約は、会場側と連絡を取り合うことが多いので秘書の名前で行う。
❹ 社外の人が出席する会議の案内状はメールと文書の両方で知らせる。
❺ 会場費などの精算は、会社の経理部の人にお願いする。

解答 & 解説 ①

1
- ❶ ✗ 出欠の連絡方法は必要な項目だが、欠席の理由は不要。
- ❷ ○ 何のための会議かわかるように、必ず記載する。
- ❸ ○ 何を話し合うのかわかるように、必ず記載する。
- ❹ ○ いつ、どこで行われるのかわかるように、必ず記載する。
- ❺ ○ 何かあった場合、どこのだれに連絡すればよいのかわかるように、必ず記載する。

解答：❶

2
- ❶ ○ 各パネリストが相互に討論する。
- ❷ ✗ 「ブレーンストーミング」とは人の意見を批判せず、自由に話し合う形式をいう。
- ❸ ○ そのテーマの専門家が集うことが多い学術会議の形式である。
- ❹ ○ フォーラムは「公開」と覚えておくこと。
- ❺ ○ その後、グループの代表者が意見を発表し合う。

解答：❷

3
- ❶ ✗ 「動議」とは、会議中に予定された議題以外のものを口頭で提案することと、口頭で会議の議決を求める意見を出すことの2つである。
- ❷ ○ 主に挙手、起立、投票の3つの方法で可否を決める。
- ❸ ○ 定足数は「開催必要最少人数」と覚えておくこと。
- ❹ ○ 諮問は「答申（諮問に対する答え）」とセットで覚えること。
- ❺ ○ 一事不再議の原則は「会期中、二度と持ち出せない」と覚えておく。

解答：❶

4
- ❶ ○ 会場のレイアウトやホワイトボード、スクリーンなどの準備は秘書の仕事である。
- ❷ ○ 来ない人には秘書が電話連絡をする。
- ❸ ○ 社外の出席者には名札（席次）を準備し、どの席に座るか、どのように座るか、上司に確認する必要がある。
- ❹ ○ 事前に確認しておくとタイミングよく出せる。
- ❺ ✗ 会議は一般的には時間内に終了するようになっているが、予定どおりにいかない場合もある。会議の進行は全体の状況から主催者が判断することなので、秘書が知らせる必要はない。

解答：❺

5
- ❶ ✗ 事務局の仕事を行いながら議事録の作成を行うこともある。
- ❷ ✗ 正確な録音とともに必ずメモを取ることを覚えておく。
- ❸ ○ 上司の指示があった場合以外は秘書の名前で予約する。ここがひっかけ。
- ❹ ✗ 両方で知らせる必要はなく、まして社外の人には基本的に文書で知らせる。
- ❺ ✗ 会場費の精算は秘書が行うのが基本。

解答：❸

2日目 技能 その1
社内文書

> **受かる人は……**
> 社内文書は「社員各位」「です・ます調」と覚える
>
> **落ちる人は……**
> 社内文書の完成形がイメージできていない

社内文書の基本　　頻出度 ★

▶ **形式・内容**
- 企業により形式の違いはあるが、必要とされる内容はほぼ同じ。
- A4、横書きが一般的。
- 宛て名は「社員各位」が基本。
- 丁寧さよりも簡潔さが優先される。「です・ます調」。

> 社員全員に向けて発信されるので、「社員各位」となります。特別な場合を除き、ビジネス文書はA4サイズ縦位置の横書きにしましょう。

社内文書の種類　　頻出度 ★

▶ **稟議書（りんぎしょ）** 上司の決裁や承諾を受けるための文書。
▶ **通達文** 社員に必要な命令や指示を伝えるための文書。
▶ **議事録** 会議の経過や決定事項を記録した文書。
▶ **通知文** 仕事に関する通知、連絡、案内をする文書。
▶ **報告書** 事実や経過を報告する書類（出張報告書、調査報告書、研修報告書、営業日報・月報など）。

社内文書の書き方　　📝 頻出度 ★★

▶ **基本事項**
- 文体は「です・ます」が基本。
- 1文書1用件が原則。
- 用件だけを簡潔に書く。
- アラビア（算用）数字と漢数字を使い分ける。
  ➡ アラビア数字……番号、金額、日付。　例：212号室、3万円、7月7日
  ➡ 漢数字……固有名詞、概数、漢語、成語。　例：八戸市、数十万人、一昨日、二人三脚

社内文書のスタイル　　📝 頻出度 ★★

❶ **文書番号**　正式文書にはつけ、重要でない文書にはつけない。
❷ **発信年月日**　元（年）号が一般的だが西暦も使う。年月日は省略（H25・7・7など）しない。曜日は不要。
❸ **受信者名**　「社員各位」は必ず覚える。
❹ **発信者名**　役職名だけ記入する。「鈴木太郎」など人名は不要。
❺ **件名（標題）**　一見してわかるように書く。1文書1用件が原則。「～のご案内」「～のご依頼」はOK。「～の指示」「～の命令」「～の通達」はNG。
❻ **本文**　「頭語」や「時候の挨拶」（P.46参照）は除き、結論を先に書く。
❼ **記（記書き）**　必ず中央に「記」と書く。各項目には必ず番号をふり、箇条書きにする。日時は曜日まで書く。時間は終了時間を必ず書く。
❽ **追記**　「なお、時間帯により定員があります」などの補足事項を書く。
❾ **添付書類**　あればこの位置に書く。
❿ **以上**　右寄せで「以上」と必ず書く。
⓫ **担当者名**　必ず書く。内線番号やメールアドレスも忘れない。

---

❶ 総発705号
❷ ○年○月○日
❸ 社員各位
❹ 総務部長

❺ 健康診断のお知らせ

❻ 下記の通り、健康診断を行います。各自調整の上、ご参加ください。

❼ 記

1. 日　　時　　○月○日（木）14:00〜16:00
2. 場　　所　　本社5階　健康相談室
3. 申込締切　　○月○日（金）　17:00
4. 申込方法　　別紙申込用紙に都合のよい時間を記入の上、担当者までご持参ください。

❽ なお、時間帯により定員があります。
❾ 添付書類：受診手順のご案内1枚　申込用紙1枚

❿ 以上

⓫ 担当　総務部　○○　内線（1003）
　　　　メールアドレス　abc@xx.xxxx

2日目 技能 その1 社外文書

> **受かる人は……**
> 社外文書のスタイルを実際に書き、手で覚える
>
> **落ちる人は……**
> 頭語と結語の組み合わせを覚えていないのはNG

社外文書の基本　頻出度 ★

▶ 形式・内容
- 形式にはある程度決まったスタイル（P.47参照）がある。
- 文体は「ございます」という敬体を使う。
- 社内文書同様、1文書1用件が原則。

社外文書の慣用句　頻出度 ★★★

▶ 頭語と結語

用途	頭語	結語
一般の往信	拝啓（はいけい）	敬具（けいぐ）
一般の返信	拝復（はいふく）	敬具
特に丁寧な場合	謹啓（きんけい）	敬白（けいはく）
略式	冠省（かんしょう）	不一（ふいつ）

> 組み合わせをしっかり覚えましょう。

▶ 時候（じこう）の挨拶

春	3月	早春（そうしゅん）・春寒（しゅんかん）		
	4月	春暖（しゅんだん）・陽春（ようしゅん）		
	5月	新緑（しんりょく）・薫風（くんぷう）		
秋	9月	新秋（しんしゅう）・初秋（しょしゅう）		
	10月	秋冷（しゅうれい）・紅葉（こうよう）		
	11月	霜降（そうこう）・晩秋（ばんしゅう）・向寒（こうかん）		
夏	6月	初夏（しょか）・梅雨（つゆ）		
	7月	盛夏（せいか）・猛暑（もうしょ）		
	8月	残暑（ざんしょ）・晩夏（ばんか）		
冬	12月	歳晩（さいばん）・初冬（しょとう）		
	1月	厳寒（げんかん）・厳冬（げんとう）		
	2月	向春（こうしゅん）・余寒（よかん）		

> 8月は立秋（8日頃）、2月は立春（4日頃）を境に、時候の挨拶を区別することもあります。

▶ **繁栄を祝う言葉**
- 企業宛て ➡ 貴社ますます［ご隆盛／ご発展／ご隆昌／ご繁栄／ご盛栄］のこととお喜び申し上げます。
- 個人宛て ➡ 時下ますます［ご健勝／ご清祥］のこととお喜び申し上げます。

▶ **末文**
まずは［とりあえず、／取り急ぎ、／略儀ながら、］
［ご報告申し上げます。／御礼申し上げます。／書中をもって御礼申し上げます。］

社外文書のスタイル　　　頻出度 ★★★

❶ **文書番号**　社交文書や私信にはつけない。
❷ **発信年月日**　省略しない（P.45参照）。元（年）号が一般的だが西暦も使う。
❸ **受信者名**　「株式会社」「社名」「所属名」「受信者」すべて正式に書く。「(株)○○電機営業佐藤様」などのように略してはいけない。複数宛て ➡「各位」、官公庁・企業・団体宛て ➡「御中」。個人名 ➡「様」が一般的、役職名 ➡「殿」が一般的。
❹ **発信者名**　すべて正式に書く。その際、受信者と同格の役職名にする。受信者「部長」➡ 発信者「課長」はNG。受信者「部長」➡ 発信者「部長」はOK。社印と職印を押す。
❺ **件名（標題）**　1文書1用件が原則。
❻ **頭語**　左寄せで1字下げずに書く。
❼ **時候の挨拶**　1字空ける。事務的文書では省略されることもある。
❽ **前文**
❾ **主文**　「さて」で1字下げる。
❿ **末文**　「つきましては」で1字下げる。「まずは」の場合もある。
⓫ **結語**　必ず右寄せで書く。
⓬ **記（記書き）**　中央に書く（箇条書きについてはP.45参照）。
⓭ **追伸**　ある場合はこの位置に書く。「なお」で書き始めるのが一般的。
⓮ **同封物**
⓯ **以上**　必ず右寄せで書く。

---

　　　　　　　　　　　　　　　❶○○○号
　　　　　　　　　　　　　　　❷平成○年○月○日

株式会社　高橋商事 ❸
販売部
部長　山田慎吾様
　　　　　　　　　　　　　❹株式会社　大地ゲーム
　　　　　　　　　　　　　　　営業部長　山下次郎

　　　　　　　❺新作発表会のご案内

❻拝啓　❼○○の候、貴社におかれましてはますますご隆盛のこととお喜び申し上げます。
　❾さて、このたび弊社では、来期に向けました新商品を発売することとなりました。
　発売に先立ち、日頃よりご愛顧いただいているお客様に、そのラインアップをご覧いただきたく、下記の通り発表会を開催いたします。
　❿つきましては、ご多忙中とは存じますが、万障お繰り合わせの上、ぜひともご来場賜りますようお願い申し上げます。取り急ぎ、書中をもってご案内申し上げます。
　　　　　　　　　　　　　　　　⓫敬具
　　　　　　　　　⓬記
1. 期　日：平成○年○月○日（金）
2. 時　間：11時～12時
3. 場　所：弊社○○ビル1階「ショールーム」
4. 住　所：○○市○○1丁目2番3号
5. 連絡先：03-000-0000（営業部直通）
⓭なお、駐車場に限りがあるため、できるだけ公共の交通機関をご利用ください。
⓮同封物：会場案内図　　　　　　　　　⓯以上

2日目 技能 その1 社交文書

> **受かる人は……**
> 尊敬語と謙譲語の区別ができている
>
> **落ちる人は……**
> 社交文書でよく使う用語を覚えていないのはNG

社交文書の形式と種類　頻出度 ★

- **形式**　社交文書は縦書きが一般的。文書番号はつけない。格式を重んじる場合は句読点をつけない。礼状、見舞状、お悔やみ状は手書きにする。
- **慶弔状（けいちょうじょう）**　祝い事やお悔やみの書状（一般的には電報が利用される）。祝い状などは、発信日を吉日にすることもある。
- **見舞状**　病気や災害を見舞うときに出す書状。主文から入る。暑中見舞、寒中見舞は、「拝啓〜」と普通の形式で書く。
- **招待状**　会合やパーティーなどに招待するための書状。費用は主催者が負担する。
- **案内状**　会合、パーティー、行事、式典などの案内のための書状。
- **挨拶状**　転勤、異動、開店などを知らせる書状。
- **礼状**　相手への感謝を表す書状。

> 挨拶状と礼状の記述出題が多いですよ。

社交文書にふさわしい敬語　頻出度 ★★★

	尊敬（相手に対して）	謙譲（自分に対して）
手紙	ご書面（しょめん）、ご芳書（ほうしょ）	愚書（ぐしょ）、愚状（ぐじょう）
意見	ご高見（こうけん）、ご高説（こうせつ）	所見（しょけん）、私見（しけん）
配慮	ご高配（こうはい）、ご配慮（はいりょ）	配慮、留意（りゅうい）
授受（じゅじゅ）	お納め、ご査収（さしゅう）	拝受（はいじゅ）、頂戴（ちょうだい）
夫	ご主人、ご主人様	夫、主人
妻	奥さま、奥方様、ご令室様	妻、家内

父	お父さま、お父上、ご尊父様	父
母	お母さま、お母上、ご母堂様	母
息子	ご令息様、ご子息様	息子、長男
娘	ご令嬢様、お嬢様、ご息女様	娘、長女
家族	ご一同様、皆々様、ご家族様	一同、家族一同

▶ **社交文書の慣用句**

- ご査収……「調べて受け取ってください」という意味。
- ご笑納……「つまらないものですが、笑って納めてください」という意味。
- 時下………「この頃」という意味。季節を問わずいつでも使える。
- ご引見……「会って(面会して)ください」という意味(下記文例 **1** 参照)。
- ご恵贈……相手が品物を贈ってくれたことに対して使う尊敬語(下記文例 **3** 参照)。

社交文書の文例

頻出度 ★★

▶ **紹介状(個人宛て)文例 1**

拝啓 ○○の候、ますますご健勝のこととお喜び申し上げます。
さて、突然ではございますが、一氏をご紹介申し上げます。同氏は小生が古くからつき合っております人物で、現在○○株式会社に勤務しており、貴社の通信に関する研究に興味をもっており、くわしくお話をお聞かせいただきたいとのことですので、ここにご紹介申し上げますので、何とぞよろしくご引見くださいますようお願い申し上げます。
敬具

▶ **礼状(会社宛て・出張の際のお礼)文例 2**

拝啓 ○○の候、ますますご隆盛のこととお喜び申し上げます。
さて、先日貴地出張に際しましては、ご多忙中にもかかわらず、いろいろとご配慮を賜り厚く御礼申し上げます。おかげさまで、所期の目的を達することができましたばかりではなく、思いもかけぬおもてなしにあずかり誠にありがとうございました。
貴社の一層のご発展をお祈りいたすとともに、今後とも変わらぬご支援を賜りますようお願い申し上げます。
まずは取り急ぎ、御礼申し上げます。
敬具

▶ **礼状(個人宛て・贈答のお礼)文例 3**

拝啓 ○○の候、ますますご健勝のこととお喜び申し上げます。
さて、このたびは結構なお品をご恵贈くださいまして誠にありがとうございます。おかげさまで無事古希を迎えることができました。これもひとえに皆様のご厚情によるものと感謝いたしております。今後ともよろしくご指導のほど、お願い申し上げます。
まずは取り急ぎ、書中をもって御礼申し上げます。
敬具

▶ **見舞状(災害見舞)文例 4**

前略 昨日の夕刊で、貴地を襲った台風による被害の模様を知り、大変驚いています。

候の挨拶や日頃のお礼で前文は除き、本文から入る。

*「前略」「急啓」などで書き始める。時

*人→商品→社屋→業務の順に心配する文面がこのあとに続く。

草々

きょうの一問一答 ②

社内文書

Q1	社内文書の一般的な宛て名は？	A1	社員各位
Q2	社内文書の発信者名は一般的にどのようにするか？	A2	役職名（総務部長など）だけにする。名前は入れない
Q3	社内文書の本文の最後に入れるのは？	A3	以上
Q4	社外文書にあって社内文書にないものは？	A4	社内文書は「頭語」や「時候の挨拶」「繁栄を祝う言葉」（前文）などが省かれる
Q5	上司の決裁を受けるための文書は？	A5	稟議書（りんぎしょ）

社外文書

Q1	一般的な文書で、頭語が「拝啓」であれば結語は？	A1	敬具
Q2	特に丁寧な文書で、頭語が「謹啓」であれば結語は？	A2	敬白
Q3	繁栄を祝う言葉で、企業に対して「貴社ますます…」に続く言葉は？	A3	ご隆盛／ご隆昌（りゅうしょう）／ご発展／ご繁栄のこととお喜び申し上げます
Q4	繁栄を祝う言葉で、個人に対して「時下ますます…」に続く言葉は？	A4	ご健勝／ご清祥のこととお喜び申し上げます
Q5	社外文書の発信者名、受信者名は略して「㈱」などと書いてもよいか？	A5	発信者、受信者ともに正式名で書かなければならない 例：株式会社ABC商事 　　部長　田中一郎様
Q6	社外文書で宛て先が特定個人ではなく、企業、団体宛ての場合、何と書くか？	A6	○○御中

Q7	社外文書の主文はどのような言葉で始まるのが一般的か？	**A7**	「さて」で1字下げる
Q8	社外文書の末文はどのような言葉で始まるのが一般的か？	**A8**	「つきましては」「まずは」で1字下げる
Q9	社外文書で「記書き」をした最後には何と書くか？	**A9**	「以上」を右寄せで必ず入れる

社交文書

Q1	社交文書で、「団体や組織」の尊敬語と謙譲語は？	**A1**	尊敬語：(相手に対して) 貴社、御社 謙譲語：(自分に対して) 弊社、当社
Q2	社交文書で、「場所」の尊敬語と謙譲語は？	**A2**	尊敬語：貴地、御地 謙譲語：弊地、当地
Q3	社交文書で、「物品」の尊敬語と謙譲語は？	**A3**	尊敬語：佳品、結構なお品 謙譲語：粗品、寸志
Q4	社交文書で、「意見」の尊敬語と謙譲語は？	**A4**	尊敬語：ご高説、ご高見 謙譲語：所見、私見
Q5	社交文書で、「調べて受け取ってください」ということを何というか？	**A5**	ご査収ください お納めください
Q6	社交文書で、「つまらないものですが、笑って納めてください」ということを何というか？	**A6**	ご笑納ください
Q7	社交文書で、「面会してください」ということを何というか？	**A7**	ご引見ください
Q8	社交文書で、相手が品物を贈ってくれたことに対して、尊敬語で何というか？	**A8**	ご恵贈くださいまして
Q9	前文を省略し、主文から書く書状は？	**A9**	ご病気見舞状や災害見舞状
Q10	頭語、前文を省略し、主文から書く書状は？	**A10**	お悔やみ状

きょうの力試し問題 ②

社内文書／社外文書／社交文書

1 [2・3級]

次は、社内文書の書き方である。中から適当と思われるものを選びなさい。

1. 必ず「以上」を書く。
2. 発信年月日は省略する。
3. 宛て名は「社員一同」が一般的である。
4. 一般的にはB5の横書きである。
5. 頭語や時候の挨拶も入れる。

2 [2・3級]

次は、頭語と結語の組み合わせである。中から適当なものを選びなさい。

1. 拝啓 ──────── 以上
2. 冠省 ──────── かしこ
3. 謹啓 ──────── 不一
4. 謹啓 ──────── 草々
5. 前略 ──────── 草々

3 [2・3級]

次は、手紙の前文で用いる挨拶の言葉である。中から下線部分が不適当と思われるものを選びなさい。

1. 貴店ますますご繁栄のこととお喜び申し上げます。
2. 貴社ますますご清祥のこととお喜び申し上げます。
3. 貴校ますますご盛栄のこととお喜び申し上げます。
4. 貴殿ますますご健勝のこととお喜び申し上げます。
5. 貴会ますますご発展のこととお喜び申し上げます。

4 [2・3級]

次は、文書の受信者につける敬称とその組み合わせである。中から適当と思われるものを選びなさい。

1. 「株式会社ABC」という会社名にしたとき ────────「殿」
2. 営業部長という職名だけのとき ────「行」
3. 多数の社員に配付するとき ──────「御中」
4. 株主総会に参加する株主のとき ────「各位」
5. 名字をつけ「広報部長大野」としたとき ────────「宛」

5 [2級]

次は、社内文書のフォームである。❶〜❾に入るものの名称を記入しなさい。

```
                                    文書番号
                                    ❶ _____
❷ _____
                                    ❸ _____
               ❹ _____
❺ _____
         ❻ _____
1.
2.
3.
❼ _____
❽ _____

                                    ❾ _____
                            担当　○○○○
                            内線番号　○○○○
                            Eメールアドレス
```

解答 & 解説 ②

1
- ❶ ○ 「以上」を書かないと、まだ続きがあると思われる。
- ❷ ✕ 社内文書に限らず、「発信年月日」は一般的に文書では省略しない。
- ❸ ✕ 宛て名は「社員各位」と覚える。
- ❹ ✕ 一般的にはA4の横書きである。
- ❺ ✕ 社内文書は本文から入る。

解答：❶

2
- ❶ ✕ 「拝啓」—「敬具」が正しい。この組み合わせは頻出。
- ❷ ✕ 「冠省」—「不一」が正しい（めったに出題されない）。
- ❸ ✕ 「謹啓」—「敬白」が正しい（ときどき出題される）。
- ❹ ✕ 「謹啓」—「敬白」が正しい。
- ❺ ○ この組み合わせだけが正しい。必ず覚えること。

解答：❺

3
- ❶ ○ 団体宛てなので「ご繁栄」は適切。
- ❷ ✕ 「ご清祥」とは、相手が健康で幸福に暮らしていることを喜ぶ意味で、個人宛ての手紙に使う言葉。
- ❸ ○ 団体宛てなので「ご盛栄」は適切。
- ❹ ○ 個人宛ては「ご健勝」と「ご清祥」の2つと覚えておけばよい。意味は❷の解説のとおりである。
- ❺ ○ 団体宛てなので「ご発展」は適切。

解答：❷

4
- ❶ ✕ 官公庁や会社など団体宛ての場合は「御中」が正しい。
- ❷ ✕ 職名だけの場合は「殿」をつけ、「営業部長殿」とするのが一般的である。
- ❸ ✕ 多数の社員に同文を配付するので「社員各位」が正しい。
- ❹ ○ 敬称は、宛て名によって変えなくてはならない。同文を多数の株主に宛てる場合は「各位」が正しい。
- ❺ ✕ 名字をつけた場合は「広報部長大野様」が一般的である。

解答：❹

5
- ❻ 必ず中央に書く。
- ❽ ない場合もある。
- ❾ 必ず右寄せで書く。

- ❶ 発信年月日
- ❷ 受信者名
- ❸ 発信者名
- ❹ 件名、標題、タイトル（3つのいずれでもよい）
- ❺ 本文
- ❻ 記（記書き）
- ❼ 追記
- ❽ 添付書類
- ❾ 以上

きょうの力試し問題 ③

社内文書／社外文書／社交文書

1 [2級]

次は、文書に使う時候の挨拶である。中から不適当と思われるものを選びなさい。

1. 3月 ── 早春の候
2. 5月 ── 薫風の候
3. 7月 ── 残暑の候
4. 10月 ── 秋冷の候
5. 1月 ── 厳寒の候

2 [2級]

次は、社交文書などで相手側のことを書くときの言い方である。中から不適当と思われるものを選びなさい。

1. 父 ── ご父堂様
2. 母 ── ご母堂様
3. 娘 ── ご息女様
4. 息子 ── ご子息様
5. 家族 ── ご一同様

3 [2級]

次は、手紙などで使う用語である。中から下線部分が不適当と思われるものを選びなさい。

1. 貴社ますます<u>ご隆盛</u>のこととお喜び申し上げます。
2. 皆様ますます<u>ご健勝</u>のこととお喜び申し上げます。
3. <u>ご引見</u>くださるようお願い申し上げます。
4. 粗品ではございますが、<u>ご恵贈</u>ください。
5. 略儀ながら<u>書中</u>をもってご挨拶申し上げます。

4 [2級] ひっかけ問題

次の文の中のカタカナ部分を漢字に直し、体裁の整った礼状にしなさい。

> ❶ハイケイ 仲秋の候、ますますンショウのこととお喜び申し上げます。さて、先日❸キチ出張に際しましては、ご多忙にもかかわりませず、ご配慮をいただき、誠にありがとうございました。〇〇様のおかげをもちまして❹ショキの目的を達することができました。心より感謝いたします。貴殿の、ますますのご活躍を心よりお祈り申し上げます。まずは取り急ぎ、御礼申し上げます。❺ケイグ

❶_____ ❷_____ ❸_____
❹_____ ❺_____

5 [2級] ひっかけ問題

次は、社交文書などを書くときの自分側と相手側の言い方である。それぞれ別の言い方を（　）内に1つ答えなさい。

意見	自分側	所見	❶（　　）
	相手側	ご高説	❷（　　）
授受	自分側	頂戴	❸（　　）
	相手側	お納め	❹（　　）

解答 & 解説 ③

1
- ❶ ○ このほかに「春寒の候」などがある。
- ❷ ○ このほかに「新緑の候」などがある。
- ❸ ✕ 7月は「盛夏の候」「猛暑の候」が適切。「残暑の候」は8月。
- ❹ ○ このほかに「紅葉の候」などがある。
- ❺ ○ このほかに「厳冬の候」などがある。

解答 ❸

2
- ❶ ✕ 「ご尊父様」が正しい。このような言い方はない。
- ❷ ○ ほかに「お母さま」「お母上」など。
- ❸ ○ ほかに「ご令嬢様」「お嬢様」など。
- ❹ ○ ほかに「ご令息様」など。
- ❺ ○ ほかに「皆々様」「ご家族様」など。

解答 ❶

3
- ❶ ○ 貴社、つまり会社宛てなので「ご隆盛」が適切。
- ❷ ○ 皆様、つまり個人宛てなので「ご健勝」が適切。
- ❸ ○ 「会ってください」という言い方は「ご引見」が適切。
- ❹ ✕ 「ご恵贈」は相手が品物を贈ってくれたことをいう。尊敬語なので不適切。自分が贈った側なので「ご笑納」が正しい。
- ❺ ○ 「書中」もしくは「書面」が適切。

解答 ❹

4
- ❶ 敬具の「敬」と書き間違いにひっかからないこと。
- ❷ 個人宛てに使われる。
- ❸ 出張場所という意味である。
- ❹ 出張のお礼の決まり文句。
- ❺ 拝啓の「啓」と書き間違いにひっかからないこと。

- ❶ 拝啓
- ❷ 健勝
- ❸ 貴地
- ❹ 所期
- ❺ 敬具

5
授受とは「やり取り、受け渡し」のことなので「ご恵贈」(**3**の❹参照)と勘違いしてひっかからないこと。

- ❶ 私見
- ❷ ご高見
- ❸ 拝受
- ❹ ご査収、ご笑納

記述問題としてよく出題されるので漢字で書けるようにしておくこと。社交文書では「1つ答えなさい」という設問が多いので、必ず1種類は覚えておきましょう。

2日目 技能 その1 グラフの作成

受かる人は……
4種類のグラフの特徴がわかり、書ける

落ちる人は……
グラフに書き入れる必要項目がわからないのはNG

グラフの種類と選択　　頻出度 ★

グラフにしたい内容	①(折れ)線グラフ	②棒グラフ	③円グラフ	④帯グラフ
推移、連動したとき	向く	向かない	向かない	向かない
数量の多少	向かない	向く	向かない	向かない
内訳構成比率	向かない	向かない	向く	向く
内訳構成比率の比較、推移	向かない	向かない	向かない	向く

①(折れ)線グラフ　　頻出度 ★★

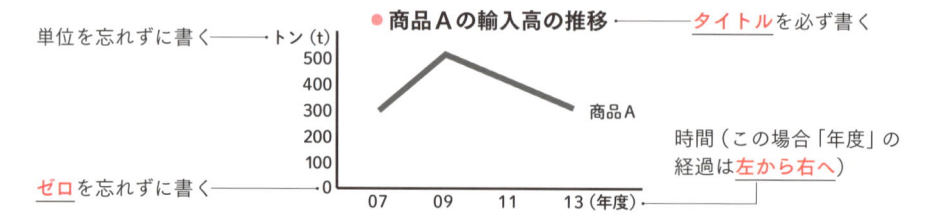

●商品Aの輸入高の推移

- 単位を忘れずに書く → トン(t)
- タイトルを必ず書く
- ゼロを忘れずに書く
- 時間(この場合「年度」)の経過は左から右へ

(グラフ：07〜13年度、商品A、0〜500トン)

②棒グラフ　　頻出度 ★★

●各社従業員数●

- 単位を忘れずに書く → (人)
- タイトルを必ず書く
- 突出したデータの場合は〰(中断記号)で区切り、数字を入れる
- ゼロを忘れずに書く
- 「〇〇調査」などは、タイトルと一緒に書いても、欄外に別記してもよい。ただし、必ず書くこと

(グラフ：A社 270、B社、C社、20XX年4月1日調査)

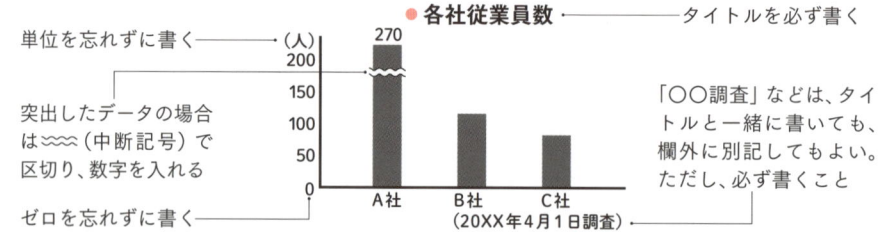

③ 円グラフ　　　頻出度 ★★

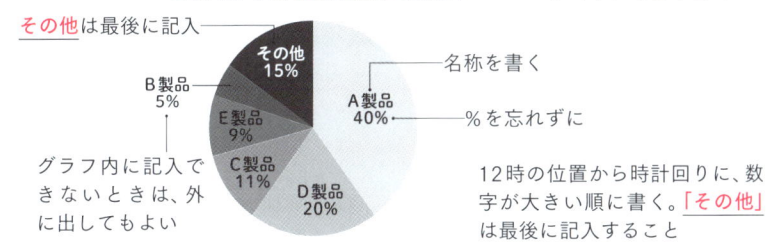

●20XX年度 製品別売上高比率 ──── タイトルを必ず書く

その他は最後に記入

- その他 15%
- B製品 5%
- E製品 9%
- C製品 11%
- D製品 20%
- A製品 40% ──── 名称を書く
- %を忘れずに

グラフ内に記入できないときは、外に出してもよい

12時の位置から時計回りに、数字が大きい順に書く。「その他」は最後に記入すること

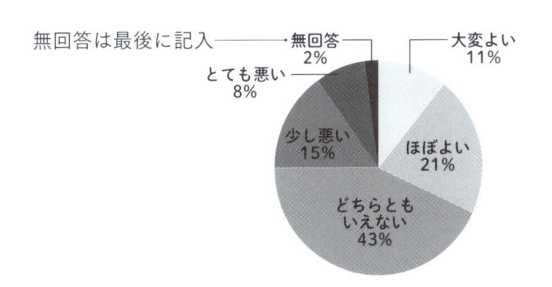

●商品使用アンケート結果 ──── タイトルを必ず書く

無回答は最後に記入

- 無回答 2%
- とても悪い 8%
- 少し悪い 15%
- どちらともいえない 43%
- ほぼよい 21%
- 大変よい 11%

合計が100%になるものが1つならば、円グラフに、下記④のように2つ以上になる場合は、帯グラフにします。

＊「大変よい ➡ ほぼよい ➡ どちらともいえない ➡ 少し悪い ➡ とても悪い ➡ 無回答」の順に書く。
＊アンケート結果などは数字の大きい順ではないので注意。

④ 帯グラフ　　　頻出度 ★★

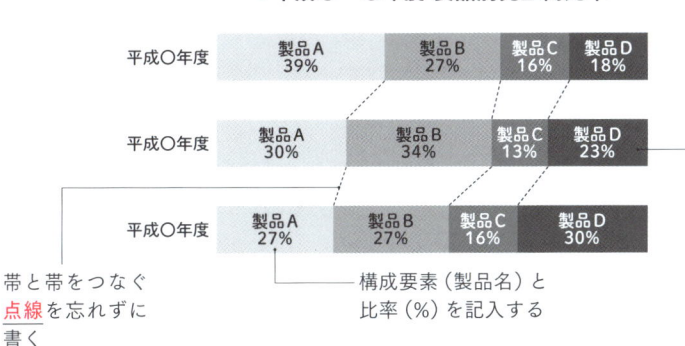

●平成○～○年度 製品別売上高比率 ──── タイトルを必ず書く

平成○年度	製品A 39%	製品B 27%	製品C 16%	製品D 18%
平成○年度	製品A 30%	製品B 34%	製品C 13%	製品D 23%
平成○年度	製品A 27%	製品B 27%	製品C 16%	製品D 30%

2番目以降の項目の順番はいちばん上の帯と合わせる

帯と帯をつなぐ点線を忘れずに書く

構成要素（製品名）と比率（%）を記入する

きょうの力試し問題 ④

グラフの作成

1 〈2・3級〉

次の表は、事業部別の正社員と契約社員の人数を示したものである。この表に基づき、見やすいグラフを書きなさい（定規を使わないで書いてもよい）。

● 事業部別正社員・契約社員数一覧表（人）

事業部名	営業	企画	販売
正社員	45	10	20
契約社員	25	25	30
合計	70	35	50

2 〈2・3級〉

次の表は、過去5年間の社員1人あたりの年間残業時間数の推移を示したものである。これを見やすいグラフにしなさい（定規を使わないで書いてもよい）。

年	2008年	2009年	2010年	2011年	2012年
残業時間	75	70	58	55	60

（単位：時間）

3 〈2級〉

次の表は、平成〇年度におけるAスーパーの主要商品別売上高構成比を示したものである。これを見やすいグラフにしなさい（定規を使わないで書いてもよい）。

商品名	冷凍食品	鮮魚	野菜	食肉
構成比率	18%	14%	25%	43%

4 〈2級〉

次の表は、平成〇年度におけるA店、B店、C店それぞれの雑貨売上げに占める購買年齢層の比率を示したものである。これを見やすいグラフにしなさい（定規を使わないで書いてもよい）。

	10代	20代	30代	40代	50代	その他
A店	10%	30%	25%	15%	15%	5%
B店	25%	15%	20%	20%	10%	10%
C店	15%	35%	20%	20%	10%	0%

5 〈2級〉 ひっかけ問題

次の記事を読み、「積極的」「消極的」がわかるグラフを書きなさい（定規を使わないで書いてもよい）。

「平成〇年度に企業情報センターが1000社に対して行った調査によると、契約社員の採用にかなり積極的な会社は48.2%、やや積極的な会社は20.3%、これに反してかなり消極的な会社は10.2%、やや消極的な会社は18.3%、無回答が3%であった」

解答 & 解説 ④

解答

1 模範記述は右図、注意点は以下のとおり。
- ❶ 数の多少を見るので、棒グラフが適切。
- ❷ 合計人数の中で正社員、契約社員の区別を見られるようにすること。
- ❸ タイトル（標題）を記載する。
- ❹ 基点（0）を記載する。
- ❺ 単位（事業部名、人）を記載する。

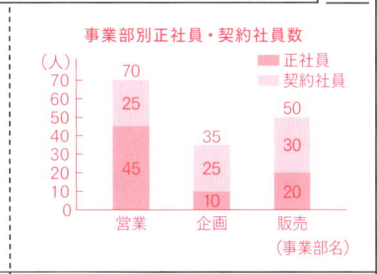

事業部別正社員・契約社員数
（正社員／契約社員）
営業：正社員45、契約社員25（計70）
企画：正社員25、契約社員10（計35）
販売：正社員30、契約社員20（計50）
（単位：人、事業部名）

2 模範記述は右図、注意点は以下のとおり。
- ❶ 数の推移なので、（折れ）線グラフが適切。
- ❷ タイトル（標題）を記載する。
- ❸ 基点（0）を記載する。
- ❹ 単位（年、時間）を記載する。

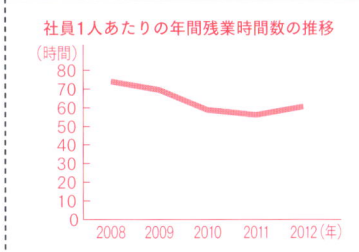

社員1人あたりの年間残業時間数の推移
2008～2012年、縦軸：時間（0～80）

3 模範記述は右図、注意点は以下のとおり。
- ❶ 合計が100%になるので、円グラフが適切。
- ❷ 記入の順番は構成比率の大きい順に書く。
- ❸ タイトル（標題）を記載する。
- ❹ 単位（%）を必ず記入する。

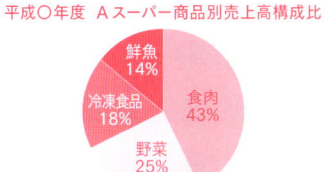

平成〇年度　Aスーパー商品別売上高構成比
食肉43%／野菜25%／冷凍食品18%／鮮魚14%

4 模範記述は右図、注意点は以下のとおり。
- ❶ 比率を見るには、帯グラフが適切。
- ❷ 帯と帯の間は点線でつなぐ。
- ❸ 記入は10代から順に書く。
- ❹ タイトル（標題）を記入する。
- ❺ 単位（%）を必ず記入する。

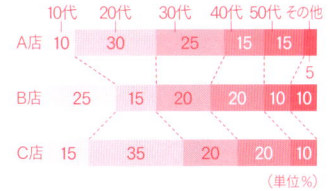

雑貨売上げに占める購買年齢層（平成〇年度）
（10代／20代／30代／40代／50代／その他）
A店：10／30／25／15／15／5
B店：25／15／20／20／10／10
C店：15／35／20／20／10／―
（単位%）

5 模範記述は右図、注意点は以下のとおり。
- ❶ 合計が100%になるので、円グラフが適切。
- ❷ 記入は「かなり積極的」→「やや積極的」→「やや消極的」→「かなり消極的」→「無回答」の順で書く。ここがひっかけ。
- ❸ タイトル（標題）を記載する。
- ❹ 単位（%）を忘れずに入れる。

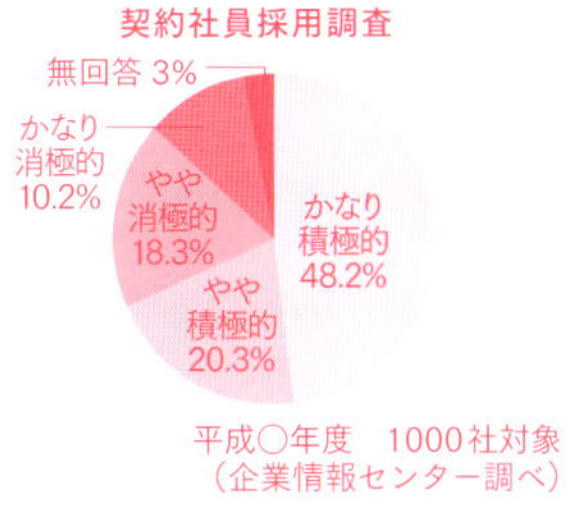

契約社員採用調査
かなり積極的48.2%／やや積極的20.3%／やや消極的18.3%／かなり消極的10.2%／無回答3%
平成〇年度　1000社対象（企業情報センター調べ）

COLUMN my 失敗談②

「アルバイトで使っている敬語が通用すると思っていました」

　大学2年生になる石井さんは、ファミリーレストランでアルバイトをしています。自宅が近いこともあり高校生のときから4年ほど勤務している経験から、新入りアルバイトの指導係も担当しています。店長の方針でアルバイトへの教育は厳しく、特に敬語や接客用語に対しては力を入れていたので、石井さんはこれからの就職活動に必ず役立つと思い頑張っていました。

　そんな折に大学で「就職活動セミナー」があり、アルバイト経験も役立つが、資格もあったほうがよいと聞き、秘書検定を受験してみようと考えました。秘書検定はやはり女子学生に人気があり、2級を受験する人が大半です。そこで石井さんは「アルバイトであれほど厳しく言葉遣いを指導され、自分は指導係もやっていたのだから準1級を目指そう！」「準1級に合格すれば、他の人と違ったアピールができる」と思いたちました。

　その後、ゼミの勉強やアルバイトなどに時間をとられ、秘書検定の参考書にひととおり目を通しただけで試験に臨みました。結果は「不合格」でした。まさかの結果で石井さんは自分の実力を過信していたことを反省し、2級から再チャレンジすることを決めます。

　今度は傾向と対策をしっかり頭に入れ、秘書検定の5つの領域ごとに学習を進めました。そこでわかったのは「アルバイトで使っていた言葉遣いがすべて通用するとは限らない」ということでした。ファミリーレストランでは、お客さまとのやり取りがある程度限られています。しかし秘書検定では、あらゆる場面、さまざまな立場の人との言葉遣いやマナーが求められるのです。

　それに気づいた石井さんは見事2級に合格し、今度こそは準1級にパスできるようにまた勉強を始めたそうです。

　秘書検定の勉強から「自分の敬語が通用する」という思い込みで、実力を過信しないことを学んだ石井さん。これを機に、さらなるレベルアップを目指すのでした。

技能 その2

3日目

35問中、「技能」から **10問** 出題
（マークシート8問　記述2問）

🏅 合格への近道

「秘」扱い文書、郵便の知識の出題は必至と心得る！

3日目 技能 その2 受発信業務と「秘」扱い文書

受かる人は……
「秘」文書の取り扱い方のポイントを押さえる

落ちる人は……
やってはいけない「秘」文書の取り扱い方が整理できていない

受信文書と発信文書の注意点　頻出度 ★★

開封してはいけない文書	❶ 私信（個人的な手紙） ❷ 差出人の記載が個人の住所と氏名であるもの ❸ 公信（業務関係の手紙）でも「親展」（本人が開封してくださいという意味）のもの ❹ 公信でも「秘」扱いのもの ❺ 公信でも書留、現金書留のもの ❻ 社名入り封筒の社名を消してあるなど、公信か私信かわからないもの
開封してもよい文書	❶ 社用封筒で来ている公信 ❷「速達」表示のみの公信（速達でも書留扱いのものは開封しない） ❸ DM（ダイレクトメール）類
発信文書の封の仕方	必ずのりづけしてから出す。テープは不可。親展や儀礼的な社交文書を出すときは封じ目に「〆」の印を押す

取り扱いの留意点　頻出度 ★

文書と封筒	文書と封筒は、まとめてクリップでとめて渡す
重要書類	急なものと重要なものは上にして渡す
返信	こちらが出した手紙の返事であれば、出した手紙の控え（コピーなど）を添付して上司に渡す

DM （ダイレクトメール）	DMなどで上司に見せる必要がないものは処分する（事前に上司の指示があった場合）
書留	書留は、文書（受信・発信）簿に記録する
重要箇所	事前に上司の指示があった場合、文書の重要な箇所にアンダーラインを引いたり、要点をメモして添えたりする

「秘」文書の社内での取り扱い　頻出度 ★★★

- **机上では**　さりげなく裏返すか、机の中にしまう。
- **離席の際**　机の中にしまう。
- **持ち歩きの際**　「秘」文書とわからないよう無地の封筒に入れる。
- **コピーの際**　人のいない時間・場所を選び、必要部数以外コピーしない（自分の控えなども不要）。ミスコピーは文書裁断機（シュレッダー）にかけ処分し、原稿を置き忘れないこと。原稿はすぐ上司に返却する。
- **貸し出しの際**　上司の許可を得てから貸し出す。
- **他部署に渡す際**　文書受渡簿に受領印をもらう。
- **配付時**　番号をつけ、配付先と名前を控えておく。
- **不在の場合**　まわりの人に「秘」文書です、と口頭で念を押さない。封筒に入れ「親展」と書いて封をして置いてくる。

「秘」書類はくれぐれも慎重に取り扱うこと！

「秘」文書の社外への郵送　頻出度 ★★★

- **郵送準備**　二重封筒にする（内側の封筒は透けないものにして「秘」の印を押す。外側の封筒に押す印は「親展」とし、「秘」の印は押さない）。
- **郵送方法**　書留あるいは簡易書留扱いにする。
- **郵送後**　発送後、「秘」文書を送ったことを先方に電話で連絡する。文書（受信・発信）簿に記録する。

「秘」文書の保管の仕方　頻出度 ★

- **ファイリングの際**　ファイルするときは一般の文書とは別にする。
- **保管の際**　鍵のかかるところに保管する。鍵は上司と秘書が1個ずつ持ち、厳重に保管する。

3日目 技能 その2 郵便

受かる人は……
往復はがきの返信に何を書くかがわかる

落ちる人は……
往復はがきの返信に添える言葉がわからない

郵便の基礎知識　頻出度★

- **通常郵便物**　封書、はがきのこと。重量と大きさ（定形・定形外）によって料金が決まる。
- **特殊取扱**　速達、書留など。特殊取扱郵便（P.66）を参照。
- **小包郵便物**　ゆうパック（一般小包）、ゆうメール（冊子小包）、レターパックがある。

封書の知識（宛て名の書き方）　頻出度★

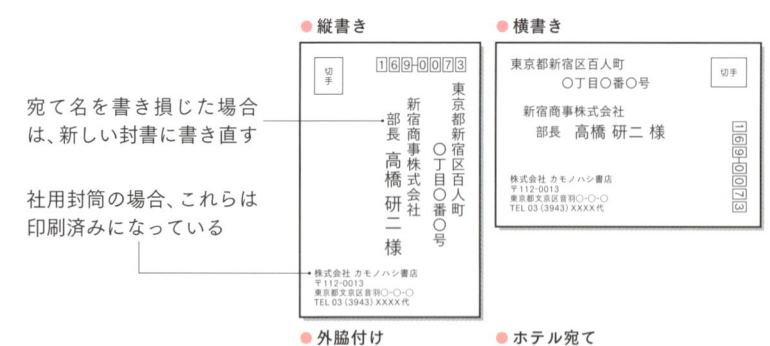

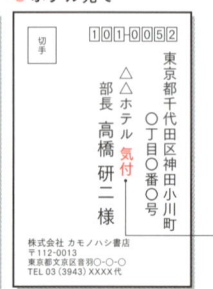

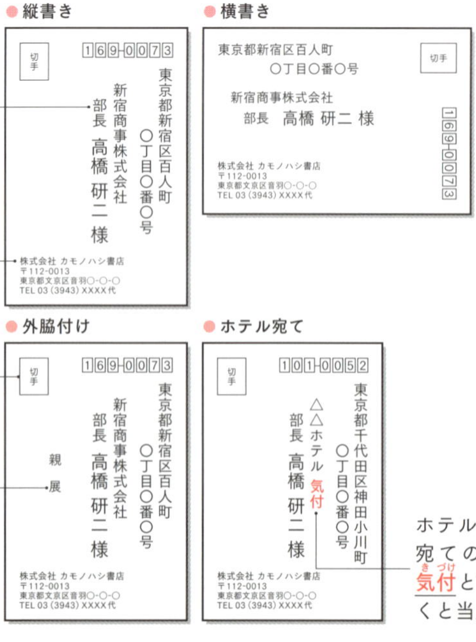

● 縦書き

〒169-0073
東京都新宿区百人町
〇丁目〇番〇号
新宿商事株式会社
部長　髙橋　研二　様

株式会社 カモノハシ書店
〒112-0013
東京都文京区音羽〇-〇-〇
TEL 03 (3943) XXXX 代

● 横書き

東京都新宿区百人町
〇丁目〇番〇号
新宿商事株式会社
部長　髙橋　研二　様
〒169-0073

株式会社 カモノハシ書店
〒112-0013
東京都文京区音羽〇-〇-〇
TEL 03 (3943) XXXX 代

宛て名を書き損じた場合は、新しい封筒に書き直す

社用封筒の場合、これらは印刷済みになっている

● 外脇付け

〒169-0073
東京都新宿区百人町
〇丁目〇番〇号
新宿商事株式会社
部長　髙橋　研二　様
親展

株式会社 カモノハシ書店
〒112-0013
東京都文京区音羽〇-〇-〇
TEL 03 (3943) XXXX 代

● ホテル宛て

〒101-0052
東京都千代田区神田小川町
〇丁目〇番〇号
△△ホテル　気付
部長　髙橋　研二　様

株式会社 カモノハシ書店
〒112-0013
東京都文京区音羽〇-〇-〇
TEL 03 (3943) XXXX 代

切手はなるべく料金分1枚が望ましい。切手は封筒が縦長のときは左上、横長のときは右上に貼る

「請求書在中」などの外脇付け*も、この**脇付け**の位置に書く

ホテルの宿泊者宛ての場合は、**気付**（きづけ）と記しておくと当人に届く

＊外脇付け……手紙の内容や添付書類について説明したもの。一般的に、左下に赤字で添える（例：親展、〇〇在中など）。

はがきの知識

頻出度 ★

- **はがきの種類**　通常はがき、往復はがきなどがある。私製はがきは、規定サイズで「郵便はがき」の文字を入れれば使える。
- **書き損じ**　書き損じたはがきは、手数料を支払って新しいものと交換できる。
- **貼りつけ**　表裏面には、はがきサイズであれば、シールや薄い紙が貼れる。
- **通信文**　裏面だけでなく、表面の下部にも通信文が書ける。

往復はがきの返信の書き方

頻出度 ★★★

- **欠席の場合**

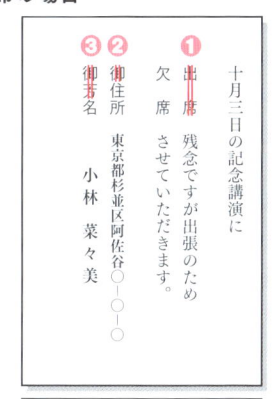

  （返信はがき裏面）
  ❶ ~~出席~~　十月三日の記念講演に欠席させていただきます。残念ですが出張のため
  ❷ 御住所　東京都杉並区阿佐谷〇−〇−〇
  ❸ 御芳名　小林　菜々美

  （返信はがき表面）
  切手
  １１２−００１３
  東京都文京区音羽〇−〇−〇
  高橋印刷株式会社
  ~~御~~ 御中
  ❹

- **出席の場合**

  （返信はがき裏面）
  ❶ ご結婚おめでとうございます。
  ❷ ~~ご~~出席させていただきます。
  ❸ ~~御住所~~　東京都新宿区早稲田〇−〇−〇
  ❹ ~~御住所~~
  ❺ ~~御芳~~名　遠藤　功次

  （返信はがき表面）
  切手
  １１２−００１２
  東京都文京区大塚〇−〇−〇
  鈴木　三郎
  ~~行~~ 様
  ❻

例：講演会

❶ 「出席」を **2本線** で消し、理由を添え「欠席させていただきます」とする。
❷ <u>御</u>だけ消す。
❸ <u>御芳</u>の2文字を消す。
❹ <u>行</u>」を2本線で消し、企業名宛てなので<u>御中</u>と書く。

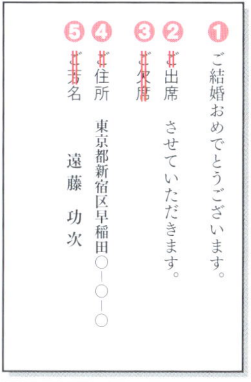

例：結婚式

❶ お祝いのひと言を添える。
❷ ごだけ消し、「出席させていただきます」とする。
❸ 2本線で<u>全部</u>消す。
❹ 「ご」だけ消す。
❺ 「ご芳」の2文字を消す。
❻ 「行」を2本線で消し、「様」と書く。

小包の知識　　頻出度 ★

▶ ゆうパック
- サイズと地域別で料金が決まる。
- 手紙は入れられないが、封をしていない送り状や添え状はよい。

▶ ゆうメール
- 1kgまでの冊子（書籍、雑誌、カタログ）、DVDなどが送れる。
- 料金は、地域を問わず重さで決まる。
- 中身が確認できるよう、封筒の一部を開封する。

▶ レターパック
- 全国一律520円（手渡し受領印あり）と370円（受領印なし）で送れる。
- 手紙を入れられる。
- 郵便窓口のほか、ポストにも投函（とうかん）できる。

特殊取扱郵便　　頻出度 ★★

▶ 速達
- 郵便物を早く送りたいときは「速達」扱いにする。
- 料金は重さで決まる。
- 右上部（横長なら右側下部）に赤線を引くか、赤字で速達と書く。
- ポストに投函できる。

▶ 書留　一般書留、現金書留、簡易書留の3種類がある。送るものにより使い分ける。

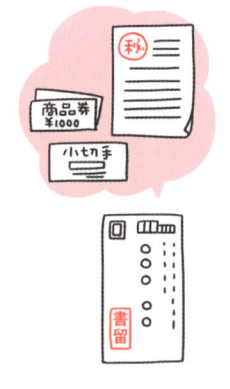

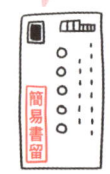

- **一般書留**
現金以外のもの。商品券、ギフト券、手形、小切手などを送るときや「秘」文書を送るときの郵送方法

- **現金書留**
現金を送るときの郵送方法。通信文同封可能（香典＋お悔やみ状などの場合）

- **簡易書留**
原稿や「秘」文書を送るときの郵送方法。損害賠償額が少ないため一般書留より料金が安い

＊書留はすべて郵便局の窓口で差し出す。投函はできない。窓口で受領証をもらう。
＊書留と速達は両方利用できる。

▶ **引受時刻証明**
- 差し出した時刻を証明（書留扱いになる）できる。
- 相手にいつ出したかがわかる。

▶ **配達証明**
- 配達した日付を証明（書留扱いになる）できる。
- 確実に相手に届いたかどうかがわかる。

▶ **内容証明**
- どんな内容の文書を出したかを証明（書留扱いになる）できる。
- 主に法的文書を出すときに用いられる。

大量郵便物　　　頻出度 ★★

▶ **料金別納**
- 郵便物が<u>同一料金</u>であること。
- 同時に<u>10通以上</u>出すこと。
- 料金一括支払いができる。
- 事前に取扱事業所の承認を受け、右のようなスタンプを押すか印刷しておく。

差出局名
料金別納
郵便

▶ **料金後納**
- 毎月<u>50通</u>以上出すこと。
- 料金は翌月20日までに現金で払う。
- 事前に取扱事業所の承認を受け、右のようなスタンプを押すか印刷しておく。

差出局名
料金後納
郵便

▶ **料金受取人払**
- <u>アンケート</u>の返信用などに使われる。
- 受取人が<u>返信</u>された分だけの郵便料金を支払う。
- 事前に取扱事業所の承認を受け、右のようなスタンプを押すか印刷しておく。

料金受取人払郵便
000
差出有効期限
平成○年○月○日まで

▶ **郵便区内特別郵便**
- 同じ郵便区内へ、同じ形・重さ・取り扱いの郵便物を同時に100通以上出す場合に利用できる。
- 大きさ、重さに制限がある。
- 「郵便区内特別」の表示が必要。

⚠️ これら大量郵便物の方法は、取締役社長就任の挨拶状、結婚式の招待状など、儀礼を重んじる場合には利用しないよう注意！

3日目 ✓ きょうの一問一答 ①

受発信業務と「秘」扱い文書

Q1	上司宛ての文書や郵便物で開封してはいけないものを3つあげなさい。	**A1**	① 私信（プライベートなもの） ② 公信でも「親展」「書留」「秘」扱いのもの ③ 公信か私信かわからないもの
Q2	上司宛ての文書や郵便物で開封してよいものを2つあげなさい。	**A2**	① 公信（社用封筒）で来ているもの ② ダイレクトメール（DM）類
Q3	机上での「秘」文書の取り扱いは？	**A3**	さりげなく裏返すか、机の中にしまう
Q4	離席するときの「秘」文書の取り扱いは？	**A4**	机の中にしまう
Q5	「秘」文書を持ち歩くときの取り扱いは？	**A5**	「秘」文書とわからないよう無地の封筒に入れる
Q6	「秘」文書をコピーするときの注意点を5つあげなさい。	**A6**	① 人のいない時間と場所を選ぶ ② 必要部数だけコピーする（自分の控えなどは取らない） ③ ミスコピーは文書裁断機（シュレッダー）にかけ処分する ④ 原稿を置き忘れない ⑤ 原稿はすぐ上司に返却する
Q7	「秘」文書を他部署に渡すときは？	**A7**	文書受渡簿に受領印をもらう
Q8	「秘」文書を配付するときは？	**A8**	番号をつけ、配付先と名前を控えておく
Q9	「秘」文書を郵送するときの注意点を4つあげなさい。	**A9**	① 二重封筒にする（1枚目に「秘」の印を押し、2枚目は別封筒にし、「親展」印を押す） ② 書留もしくは簡易書留で送る ③ 発送後、「秘」文書を送ったことを先方に電話連絡する ④ 文書発信簿に記録する

郵便

Q1	往復はがきの返信で「ご住所」「ご芳名」にはどのように線を引くか？	**A1** ご住所／ご芳名（二重線を引いた図）
Q2	ホテルに泊まっている上司宛てに郵送するときの宛て名の書き方は？	**A2** ○○ホテル気付 ○○○様
Q3	結婚式などの返信のはがきにはどんなひと言を添えるか？	**A3** 「ご結婚おめでとうございます」などのお祝いのひと言を添える
Q4	書留にした郵便物はポストに投函できるか？	**A4** 投函できない。必ず郵便局の窓口で受領証をもらう必要がある
Q5	書留の種類を3つあげなさい。	**A5** ①現金書留 ②書留（一般）③簡易書留
Q6	現金書留は何を送れるか？	**A6** 現金と通信文も同封可能（香典＋お悔やみ状など）
Q7	書留は何を送るときによく用いられるか？	**A7** 「秘」文書、商品券、ギフト券、小切手、手形など
Q8	簡易書留は何を送るときによく用いられるか？	**A8** 原稿、「秘」文書など
Q9	返信用アンケートはがきなど、あらかじめ取扱事業所の承認を受け、受取人が返信された分の郵便料金だけを支払うことを何というか？	**A9** 料金受取人払
Q10	郵便料金が同じ郵便物を同時に10通以上出す場合に利用できるのは何か？	**A10** 料金別納
Q11	差出局の取扱事業所の承認を受けて、月に50通以上の郵便物を出すときに利用できるのは何か？	**A11** 料金後納
Q12	相手に確実に届いたかがわかるようにする取り扱いを何というか？	**A12** 配達証明

3日目 きょうの一問一答①

きょうの力試し問題 ①

受発信業務と「秘」扱い文書／郵便

1 【2・3級】

次は、秘書A子が上司宛ての郵便物を上司に渡すときに行っていることである。中から不適当と思われるものを選びなさい。

❶ 現金書留は開封し、金額を確認してから渡している。
❷ 書留は文書受信簿に記録し、開封しないで渡している。
❸ 文書と封筒は一緒にクリップでとめて渡している。
❹ 急ぎのものと重要と思われるものは上にして渡している。
❺ こちらが出した手紙の返事であれば出した手紙の控えを添付して渡している。

2 【2・3級】

次は、文書の取り扱いについて述べたものである。中から不適当と思われるものを選びなさい。

❶ 書留郵便は出す、受け取る、両方ともに文書（受信・発信）簿に記録する。
❷ 「秘」文書は必ず鍵のかかるところに保管し、上司と秘書がそれぞれ鍵を持つ。
❸ 上司宛ての郵便物で公信か私信かわからないものは、開封しないで渡す。
❹ 「秘」文書を郵送するときは、速達で送り、そのことを先方に連絡しておく。
❺ 社用封筒で来ている郵便物は公信と判断し、開封して渡す。

3 【2級】

次は秘書A子が、「秘」文書を取り扱う際に注意していることである。（　）内に適切な言葉を記入しなさい。

❶ 配付するときは、番号をつけ、（　　　）と名前を控えておく。
❷ 他部署に渡すときは、文書受渡簿に（　　　）をもらう。
❸ 不在の人に置いてくるときは、（　　　）と書いて封をして置いてくる。

4 【2級】

次は秘書A子が、「秘」文書の取り扱いで行っていることである。中から不適当と思われるものを選びなさい。

❶ 保管する場合は一般の文書とは別にして、鍵のかかるキャビネットにしまっている。
❷ 「秘」文書には「秘」の印を押し、「秘」文書であることがすぐわかるようにしている。
❸ 郵送する場合は二重封筒にし、必ず書留扱いで送るようにしている。
❹ 会議などで配付した場合は、終了後、回収するかどうか上司に確認している。
❺ 急ぎで送る場合はメールかFAXにし、それを受け取る本人に事前に電話連絡している。

5 【2級】 ひっかけ問題

次は、秘書A子が「秘」文書を郵送する際に行っていることである。中から不適当と思われるものを選びなさい。

❶ 内側の封筒は透けないものにして「秘」の印を押している。
❷ 外側の封筒は別の封筒に入れ「親展」と「秘」の印を押している。
❸ 書留扱いとし、郵便局の窓口に持参している。
❹ 郵便局の窓口では必ず受領証を受け取っている。
❺ 発送後、先方に「秘」文書を送ったことを電話で連絡している。

解答 & 解説 ①

きょうの力試し問題 ①

1
- ❶ ✗ 書留は、どのようなものであっても開封してはいけない。
- ❷ ◯ 必ず記録しておくこと。
- ❸ ◯ 封筒を捨ててはいけない。
- ❹ ◯ 上司が見やすいよう心配りをする。
- ❺ ◯ 何に対する返事かがわかるようにする。

解答 ❶

2
- ❶ ◯ 書留を取り扱う場合、必ず記録を残すこと。
- ❷ ◯ 保管の仕方はこのとおりである。
- ❸ ◯ わからないもの、判断がつかないものは開封しない。
- ❹ ✗ 「秘」文書を郵送するときは、「書留」あるいは「簡易書留」扱いにする。速達のみの扱いでは送らない。
- ❺ ◯ 社用封筒は「親展」「秘」「書留」でなければ基本的に開封してよい。

解答 ❹

3
- ❶ 配付するときは番号をつけること。「配付先」と「名前」を控えておくことがポイント。
- ❷ 他部署に渡す場合は「上司の許可」を受けたあと、文書受渡簿に必ず受領印をもらう。
- ❸ 不在の人に置いてくるときは、ほかの人が開封しないよう、本人が開封するという意味の「親展」と記入し、必ず封をして置いてくる。

解答
- ❶ 配付先
- ❷ 受領印
- ❸ 親展

4
- ❶ ◯ 鍵のかかるところに保管する。
- ❷ ◯ 「秘」の印を押し、すぐ区別できるようにする。
- ❸ ◯ 中身が透けて見えないようにするためで、必ず書留扱いにする。
- ❹ ◯ 慎重に扱うようにする。
- ❺ ✗ たとえ急ぎでも、アドレスを間違えて送るおそれのあるメールや人目につきやすいFAXで送るのは不適切。

解答 ❺

5
- ❶ ◯ 内側の封筒には必ず「秘」の印を押す。
- ❷ ✗ 別の封筒に入れたことは正しいが、押すのは「親展」だけで、「秘」は押さない。ここがひっかけ。
- ❸ ◯ 書留はポストには投函できない。
- ❹ ◯ 必ず受領証を受け取り、保管しておく。
- ❺ ◯ 念を入れて電話連絡をする。

解答 ❷

きょうの力試し問題 ②

受発信業務と「秘」扱い文書／郵便

1 【2・3級】

次は、郵便物とそれを送るのに適切な郵送方法の組み合わせである。中から不適当と思われるものを選びなさい。

1. 病気の見舞金と同封見舞状 ── 現金書留
2. ギフト券 ──────────── 書留
3. 会社案内のDVD ────── ゆうメール
4. 祝賀会の招待状 ──────── 料金別納
5. 重要文書 ──────────── 簡易書留

2 【2・3級】

次は、郵便について述べたものである。不適当と思われるものを選びなさい。

1. 手紙とともに写真を入れて送るので「写真同封」と封筒に表記した。
2. 書き損じたはがきは、手数料を支払えば新しいものと交換できる。
3. はがきは、宛て名が読めれば表面にも通信文を書くことができる。
4. 冊子状のカタログ類などはゆうメールで送れる。
5. 速達で、しかも書留にするときは、通常の郵便料金に速達料金と書留料金がかかる。

3 【2級】

次は、秘書A子が行った郵送の方法である。中から不適当と思われるものを選びなさい。

1. 上司に依頼されていた原稿を出版社に急いで送るときに、簡易書留の速達で送った。
2. 100社に役員交代の挨拶状を送るときに、料金別納で送った。
3. 病気見舞状とともに見舞金を送るときに、現金書留で送った。
4. 会社が出版した書籍を送るときにゆうメールで送った。
5. 祝い状とともに商品券を送るときに書留で送った。

4 【2級】

秘書A子は、上司から返信はがきを渡された。「出席」で出しておいてほしいとのことである。下のはがきに書き入れなさい。

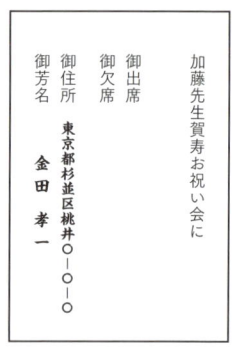

（はがき：加藤先生賀寿お祝い会に／御出席／御欠席／御住所 東京都杉並区桃井○－○－○／御芳名 金田 孝一）

5 【2級】 ひっかけ問題

次の宛て先に封書を送るときの、封筒の宛て名を下の枠内に書き入れなさい。

東京都文京区音羽
1-26-1
（株）高橋書店
高橋研二
親展

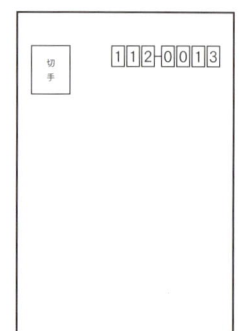

（封筒：〒112-0013）

解答 & 解説 ②

1
- ❶ ⭕ このとおりで、通信文（見舞状）も同封できる。
- ❷ ⭕ このとおりで、金券なので書留扱いが適切。
- ❸ ⭕ このとおりで、見えるように一部開封する必要がある。
- ❹ ❌ お祝いごとの招待状は、数が多くても慶事用切手を貼って通常郵便で送る。
- ❺ ⭕ このとおりで、簡易書留か書留で送る。

解答 **❹**

2
- ❶ ❌ 封筒には「写真在中」と書くのが適切。
- ❷ ⭕ 郵便局の窓口に行けば交換してくれる。
- ❸ ⭕ 表面の下のほうにも文章を書ける。
- ❹ ⭕ ゆうメールは冊子状のもの、DVDなどが送れる。
- ❺ ⭕ それぞれに料金がかかる。

解答 **❶**

3
- ❶ ⭕ 簡易書留を速達にすることもできる。
- ❷ ❌ 役員交代の挨拶状は格式を重んじて作られている。料金別納という納付が簡略化されたものではなく、格式を重んじて切手を貼って送るのが一般的である。
- ❸ ⭕ 現金書留は通信文を同封できる。
- ❹ ⭕ 書籍はゆうメールで送ったほうが一般的に安く送れる。
- ❺ ⭕ 書留は通信文も同封できる。

書留類はすべて速達にできます！

解答 **❷**

4
模範記述は右のとおり。
- ❶ 「御出席」の「御」を2本線で消す。
- ❷ 「させていただきます」「します」いずれかを書き添える。
- ❸ 「御欠席」を2本線で消す。
- ❹ お祝いのひと言を添える。
- ❺ 「御住所」の「御」を2本線で消す。
- ❻ 「御芳名」の「御芳」までを2本線で消す。

出席を〇で囲まなくてもよい。欠席の場合も「このたびはおめでとうございます。残念ながら出張のため……」などのひと言を添える。

（右側記入例）
加藤先生賀寿お祝い会に
❹ おめでとうございます。喜んで
❸ 御欠席
❶ 御出席させていただきます。❷
❺ 御住所 東京都杉並区桃井〇-〇-〇
❻ 御芳名 金田 孝一

5
- ❶ 「一丁目二六番一号」でもよい。「1の26の1」「1-26-1」は不適切。
- ❷ （株）は不適切。ここがひっかけ。
- ❸ 「殿」は不適切。
- ❹ この位置に表記すること。ここがひっかけ。

段落や頭ぞろえ、字の大きさなど、上記のポイント以外はここでは問わない。

（右側記入例）
112-0013
東京都文京区音羽 ❶ 一丁目26番1号
❷ 株式会社 高橋書店
高橋 研二 様 ❸
❹ 親展

3日目 ｜技能 その2｜ ファイリング

受かる人は……
ファイリング用語は必ず覚える

落ちる人は……
整理法しか覚えないのはNG

ファイルの整理法　　頻出度 ★

▶ **相手先別整理法**
- 取引先ごとの往復文書などを1つにまとめてファイルする方法。
- 1冊で相手に関するものをまとめて見られる。
- 主な使用例：会社別、個人別

▶ **主題別整理法**
- 「何が書かれているのか」によって分類。テーマ別に分ける方法。
- 主な使用例：カタログ製品別、○○会議別

▶ **一件別整理法**
- 特定の取引、行事、工事などで分ける方法。
- 始まりから終わりまでの経過がわかる。
- 主な使用例：2013年入社式

▶ **標題別整理法**
- タイトルごとにまとめる方法。タイトルがそのまま分類の名称になったもの。
- 主な使用例：発注書、見積書

▶ **形式別整理法**
- 文書の量が少ないものを文書の形式ごとに分ける方法。
- 主な使用例：お礼状、通信文、挨拶状など

▶ ファイリング用語

バーチカル・ファイリング	書類をとじないでファイルにはさみ、キャビネットに<u>立てて</u>収納すること ● とじる手間がかからない ● 文書の増減がわかる ● 取り出しやすい ● とじ具がないため、ファイリングが薄くてすむ
個別フォルダー	取引先の名称などのタイトルをつけたフォルダー
雑フォルダー	個別フォルダーにするほど枚数が多くない取引先の文書を、雑居して入れるフォルダー
ガイド	ガイドとは、ファイルを区切り、見出しとなる厚紙のこと。五十音などの第1ガイドを立て、タイトルや相手先の個別フォルダーを立てる。細分化したいときは、さらに小見出しとなる第2ガイドを立てる
貸し出しガイド	貸し出すとき、資料の代わりに差し込んでおくもの。フォルダー内の全文書を貸し出すときは貸し出し用の<u>持ち出しフォルダー</u>に入れ替えて貸す。<u>フォルダーごと</u>貸し出さない

バーチカル・ファイリングのフォルダーとガイドの並べ方

「ア」で始まるフォルダーのガイドを先頭に置く

頭文字に「ア」がつく、枚数の少ない取引先の文書が雑居して入れてある

「〇〇商事」のフォルダーには〇〇商事から来た文書と、出した文書の控えが入っている

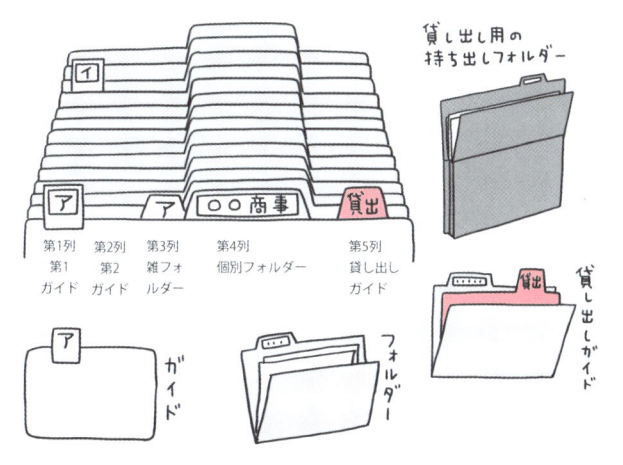

第1列 第1ガイド
第2列 第2ガイド
第3列 雑フォルダー
第4列 個別フォルダー
第5列 貸し出しガイド

3日目 ファイリング

ファイルの移し替え・置き換え　　頻出度 ★

▶ **移し替え（保管）**　古くなって使わなくなった文書を同室内で移すこと。半年ないし一年に1度行う。

▶ **置き換え（保存）**　事務室から倉庫などに移すこと。社内規定により保存期間が定められている場合が多い。商法その他によって保存期間が定められる場合もある。

▶ **廃棄**　社内規定に従い文書裁断機（シュレッダー）などで確実に廃棄する。

3日目 技能 その2 各種資料の管理

> **受かる人は……**
> カタログと雑誌関連用語を押さえる
>
> **落ちる人は……**
> 出題率は低い。完璧に覚えるのは時間のムダ

名刺の整理法

頻出度 ★

▶ **名刺整理簿**
- ○ 一覧性がある。
- ○ 少量の場合は便利。
- ✗ 大きさが異なる名刺は不都合。
- ✗ 大量に整理できない。
- ✗ 差し替えが不便。

● 名刺整理簿

▶ **名刺整理箱**
- ○ 大量に整理できる。
- ○ 大きさにかかわらず整理できる。
- ○ 出し入れ、追加に便利。
- ○ 差し替えがスムーズ。
- ✗ 一覧性がない。

▶ **クロス検索** 「会社名はわかっても個人名がわからない」、逆に「個人名はわかっても会社名がわからない」などの場合に備えて、名刺とは別にカードを作り検索できるようにしておく方法。

```
A商会
文京区音羽〇-〇-〇
03-3943-0000
        営業1課  佐藤一朗
        営業2課  山田太郎
```
名刺を名前で整理した場合は、会社名ごとにカードを作成

```
佐藤一朗  A商会
文京区音羽〇-〇-〇
営業1課
03-3943-0000
```
名刺を会社ごとに整理した場合は、名前ごとにカードを作成

▶ **パソコンによる管理** 名刺データをパソコンに入力し「取引先一覧」などのタイトルで管理する方法。
- ○ 増減、訂正、検索に便利。
- ✗ データの流出、不正コピーなどに注意が必要。

▶ **名刺整理の注意点**
- 受け取った名刺、出して使った名刺はガイドの すぐ後ろ に入れる。よく使う名刺は前に、使わない名刺は後ろの位置になり、年に1度の整理時の目安となる。
- 住所・電話番号の変更などで肩書きが変わったことを知ったら、すぐに訂正する。
- 上司の個人的なものは別にする。
- 少なくとも一年に1回は古い名刺や使わない名刺をチェックし、不用なものは必ず破って捨てる。

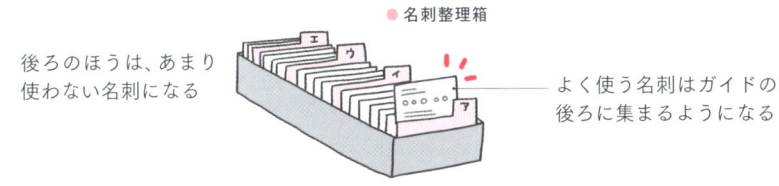

● 名刺整理箱

後ろのほうは、あまり使わない名刺になる

よく使う名刺はガイドの後ろに集まるようになる

カタログの整理法　　頻出度 ★

▶ **ハンギング・フォルダー**　カタログなど薄いものをはさんで整理する道具。
▶ **自社カタログ**　問合せに答えるため、古いものでも保管。古い他社カタログは捨てる。
▶ **総合カタログ**　最新のものだけにする。
▶ **その他**
- 厚いものは書棚に立てる。　● 商品・製品別に分類する。
- 年に1度はチェックし、新しいものが入手できたら古いカタログは捨てる。

雑誌の整理法　　頻出度 ★

▶ **応接室や上司の部屋**　最新号を置く。
▶ **保存の必要なもの**　半年か1年分を合本しておく。雑誌名・〇年〇月～〇月・〇号～〇号（発行年と号数）を書いておく。
▶ **保存期間**　一般雑誌は前年度分、専門誌は長くて5年間。

雑誌や新聞の切り抜き方　　頻出度 ★★

❶ 該当箇所をマークし、新聞は翌日以降、雑誌は次号発行後に切り抜く。シリーズものの記事でも完了を待つ必要はない。

❷ 切り抜いた余白に、新聞は紙名、日付、朝夕刊の別、地方版名を記載する。雑誌は誌名、年月、号数、ページを記載する。

❸ 台紙はA4に統一し、原則として1枚1記事としフォルダーに入れてキャビネットで整理する（テーマが同じであれば1枚に複数記事可）。

3日目　各種資料の管理

▶ **カタログ・雑誌関連用語**

旬刊（じゅんかん）	<u>10日</u>ごとに発行される雑誌	
隔月刊（かくげつかん）	<u>2</u>か月に1度発行される雑誌	
季刊	年に<u>4</u>回発行される雑誌	
絶版	一度発行した刊行物を<u>再版</u>しないこと	
増刊	臨時に発行される刊行物	
乱丁（らんちょう）	本のページの順序が間違ってとじられていること	
落丁（らくちょう）	<u>ページ</u>が抜け落ちていること	
奥付（おくづけ）	著者名や発行所、発行年月日などが載っている部分	
リーフレット	1枚刷りの宣伝用印刷物	
バックナンバー	雑誌など定期刊行物の、すでに発行された号	
総目次	1年分などを単位として目次をまとめたもの	

各部門の管理資料　　頻出度 ★

▶ **総務部門**　●株主総会関連（議事録など）　●株主関連（株主一覧）
　●代表印使用記録簿　●就業規則

▶ **人事部門**　●社員の平均勤続年数　●次年度雇用対策
　●給与、採用、定期健康診断、保養所関連

▶ **経理部門**　●財務諸表関連　●予算、決算関連書類

▶ **営業部門**　●商品別売上高
　●販売計画、営業統計に関する資料

▶ **企画部門**　●製品市場ニーズ
　●市場調査を含む企画に関する資料

▶ **広報・宣伝部門**　●社内報や広報誌
　●マスコミなどへの宣伝活動の資料

> 部門名は企業によりさまざまです。業種を問わず、よくある部門名を取り上げました。

3日目 きょうの一問一答 ②

ファイリング

Q1 取引先ごとの往復文書などを1つにまとめてファイルする方法を何というか？
A1 相手先別整理法

Q2 タイトルがそのまま分類の名称になったファイル方法を何というか？
A2 標題別整理法

Q3 書類をとじずにファイルにはさみ、キャビネットに立てて収納することを何というか？
A3 バーチカル・ファイリング

各種資料の管理

Q1 名刺整理簿のメリットとデメリットは？
A1
○ 一覧性がある
○ 少量の場合は便利
× 大量に整理できない
× 差し替えが不便
× 名刺の大きさが異なる場合は不都合

Q2 名刺整理箱のメリットとデメリットは？
A2
○ 大量に整理できる
○ 名刺の大きさにかかわらず整理できる
○ 出し入れ、追加に便利
○ 差し替えがスムーズ
× 一覧性がない

Q3 受け取った名刺、出して使った名刺はどこに入れるか？
A3 ガイドのすぐ後ろに入れる
＊よく使う名刺は手前へ入れておくと、後ろの名刺はあまり使わないとわかり、年に1度の整理の目安になる

Q4 年に4回発行される刊行物のことは？
A4 季刊

Q5 ページが抜け落ちていることは？
A5 落丁

きょうの力試し問題 ③

ファイリング／各種資料の管理

1 2・3級

次は、ファイリングの仕方とその説明の組み合わせである。中から不適当と思われるものを選びなさい。

1. 形式別整理法＝文書の形式をタイトルにしてまとめる
2. 主題別整理法＝書類や資料の内容に着目してテーマ別にまとめる
3. 一件別整理法＝厚すぎる書類や資料を1つにまとめる
4. 相手先別整理法＝会社別、部署別、個人別などにまとめる
5. 標題別整理法＝標題をそのままタイトルにしてまとめる

2 2・3級

次は、ファイリング用具とその名称の組み合わせである。中から不適当と思われるものを選びなさい。

1. ガイド
2. フォルダー
3. 2段トレー
4. パンチ
5. 貸し出しガイド

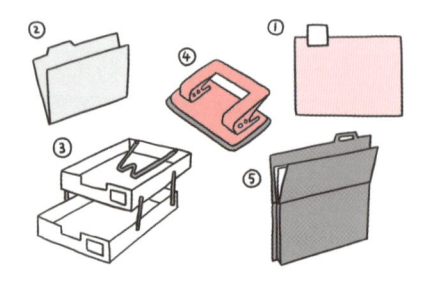

3 2級

次は、名刺の整理について述べたものである。中から不適当と思われるものを選びなさい。

1. 名刺整理箱では、取り出した名刺を必ずもとの位置に戻しておくと、次に取り出すときに便利である。
2. 名刺整理箱では、名刺の差し替えがスムーズで、追加の際にも便利である。
3. 名刺整理簿では見出しを、名刺整理箱ではガイドを立てると探しやすい。
4. 名刺整理簿は、取引先の数人の名刺を並べて整理してあるので、一覧性がある。
5. 名刺を分類するときは、上司の友人など個人的なものは別にまとめておく。

4 2級

次は、用語とその説明である。中から不適当と思われるものを選びなさい。

1. 「乱丁」とは、本のページの順序が間違ってとじられていること。
2. 「隔月刊」とは、2か月に1度発行される刊行物のこと。
3. 「リーフレット」とは、宣伝や案内、説明などのための1枚刷りの印刷物のこと。
4. 「奥付」とは、その刊行物が初版からどのくらい刷られているかを記した欄のこと。
5. 「創刊」とは、刊行物を新しく発行すること。

5 2級 ひっかけ問題

次は、用語とそれに関連することの組み合わせである。中から不適当と思われるものを選びなさい。

1. 形式別整理法 ―― 文書量が少ないものを分ける方法
2. バーチカル・ファイリング ―― 文書の増減がわかる
3. シリーズ記事 ―― シリーズが完了してから切り抜く
4. 絶版 ―― 刊行物を再版しないこと
5. 総務部 ―― 株主総会関連資料

解答 & 解説 ③

1
- ❶ ⭕ 形式別整理法は形式をタイトルにがキーワード。
- ❷ ⭕ 主題別整理法はテーマ別がキーワード。
- ❸ ❌ 一件別整理法とは、取引、行事など、それらに関することを1つにまとめてファイルする方法。
- ❹ ⭕ 相手先別整理法は○○別がキーワード。
- ❺ ⭕ 標題別整理法はそのままタイトルにがキーワード。

解答 **❸**

2
- ❶ ⭕ ファイルを区切り、見出しとして立てるもの。
- ❷ ⭕ 書類などをはさみ込み、とじずにファイルするもの。
- ❸ ⭕ 決裁箱、文書箱などと呼ばれ、1段のものもある。2段の場合は上下段を「未決裁」「決裁」などと分けて使われる。
- ❹ ⭕ 2つの穴をあける道具のこと。
- ❺ ❌ これは持ち出しフォルダーもしくは貸し出しフォルダーである。

解答 **❺**

3
- ❶ ❌ 名刺整理箱では、取り出した名刺はガイドのすぐ後ろに入れる。そうすると、よく使う名刺は前のほうにくるので使わない名刺は後ろにずれていき、年に1度の整理の際に目安となる。
- ❷ ⭕ 名刺整理箱は出し入れ、差し替え、追加がスムーズである。
- ❸ ⭕ 名刺はかなりの枚数になるので、見出しやガイドを使うと探しやすい。
- ❹ ⭕ 名刺整理簿のキーワードは一覧性である。
- ❺ ⭕ 名刺は、仕事用と個人用に分けて整理する。

解答 **❶**

4
- ❶ ⭕ 「乱丁」とはこのとおりの意味だが、落丁はページが抜け落ちていること。
- ❷ ⭕ 隔月なので2か月ごとである。
- ❸ ⭕ リーフレットは1枚刷りがキーワード。
- ❹ ❌ 「奥付」とは、発行所、発行者、著者・編者などが載っている部分全体を指す。
- ❺ ⭕ 「創刊」とはこのとおりの意味である。

❺の「創刊」はワンランクアップの用語ですよ！

解答 **❹**

5
- ❶ ⭕ このとおり。
- ❷ ⭕ とじる手間もかからず、取り出しやすいのが特徴。
- ❸ ❌ シリーズが完了するのを待つ必要はなく、すぐ切り抜いてもよい。ここがひっかけ。
- ❹ ⭕ 絶版は「再版しない」と覚える。
- ❺ ⭕ 株主に関することは「総務部」と覚える。

解答 **❸**

3日目 技能 その2 日程管理・環境整備

> **受かる人は……**
> 上司と秘書の席のレイアウトは必ず覚える
>
> **落ちる人は……**
> 細かい部分まで覚えるのは不要

日常の日程管理　頻出度 ★

▶ **表示方法**
日程の記入は簡潔で見やすく。よく使う項目は記号を用いるとよい。
例：会議＝□　来訪＝○　訪問＝◎　出張＝△
＊配付する際は欄外に「○年○月○日現在」と作成日を記入する。
＊確定していない予定は「(仮)」と表示しておく。

▶ **年間予定**　株主総会、入社式、創立記念日、定例役員会などを記入する。

▶ **月間予定**
主要年間行事のほか出張、会議、会合、訪問などを記入する。
＊月間予定表は前月末に、週間予定表は前週末に、日々予定表は前日の終業時に、それぞれ上司に見せて確認する。
＊月間予定表は社内関係者に配付するが、詳細は記入しない。

▶ **上司の私的な予定**
上司の私的な用件は予定表に書かず、自分の手帳などに記入する。
＊メモはしても、上司に確認はしない（秘書の管理対象ではない）。

▶ **保持**　予定表は確認後、上司と秘書が1部ずつ持つ。

予定変更と調整　頻出度 ★

▶ **予定の変更（手順）**
予定の変更があったら上司にその旨を告げ、上司と自分（秘書用）の予定表を訂正する。訂正する場合は、変更前の予定がわかるように2本線で訂正する。

▶ **先方都合による調整**
先方からの変更申し入れは、上司と相談のうえ、了承を得てから先方の申し入れを受ける。上司の離席・出張時の対応も同じ。

- ▶ **当方都合による調整**
  予定の変更でスケジュールが重なった場合は、上司の<u>指示</u>に従って調整する。変更をお願いした相手先には事情を説明し、おわびをして面会日時を改めて決める。
- ▶ **関係者への連絡**　必要関係者に変更になったことを連絡する。

出張の日程管理　　　頻出度 ★

- ▶ 準備
  - 出張日程を組む
    ➡ 出張日程表を作成後、上司に<u>確認</u>する
  - 交通機関の選定
    ➡ 社内規定に従う
  - 宿泊手配
    ➡ 社内規定に従い、上司に<u>ふさわしい</u>場所を選ぶ
  - 旅程表
    ➡ 上司と関係者に渡す
  - 旅費
    ➡ 経理部門から仮払いを受ける
  - 所持品の準備
    ➡ 名刺、資料、封筒など
- ▶ 出張中の仕事
  - 留守中の経過がわかるメモを作成する
  - 郵便物を保管する
  - ふだんやり残してしまっている仕事をする
    （名刺の整理、ファイリングなど）
- ▶ 出張後の仕事
  - 留守中の報告をする
  - 旅費を精算する
  - 出張報告書の作成を手伝う
  - 必要によって礼状を出す

環境整備　　　頻出度 ★

- ▶ **照明**
  直接照明より<u>間接</u>照明のほうが望ましい。光がやわらかで目が疲れない。
- ▶ **防音**
  ドアチェック・ドアクローザー（ドアを強制的に閉める金具）、厚手のカーテン・吸音材などで防音対策をとる。
- ▶ **色彩**
  応接室はクリーム色などやわらかい色が、会議室は落ちついたベージュや茶色などが適している。
- ▶ **空調**
  春秋＝22〜23℃、夏＝25〜28℃、冬＝18〜20℃が適正温度。湿度は年間を通して<u>50〜60</u>％にする。

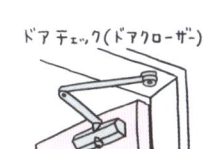

ドアチェック（ドアクローザー）

▶ **レイアウト**

【上司】
- 机は入口からは見えない配置にする。
- 外光が左もしくは背から入る机の配置にする。
- 応接セットは上司が下座に座りやすい位置へ。
- 同室の場合、上司と秘書の机は向かい合わせにならないように。

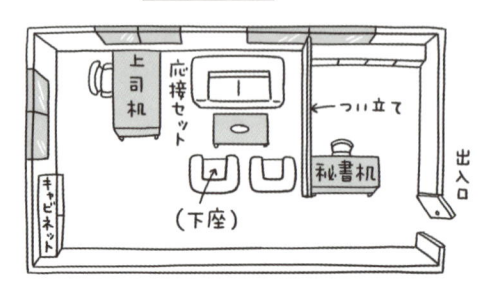

【秘書】
- 来客が秘書の机の前を通り、上司のところへ行ける配置にする。
- 人の出入りがわかるよう入口ドアの近くにする。
- 応接セットの来客と視線が合わないようにする。

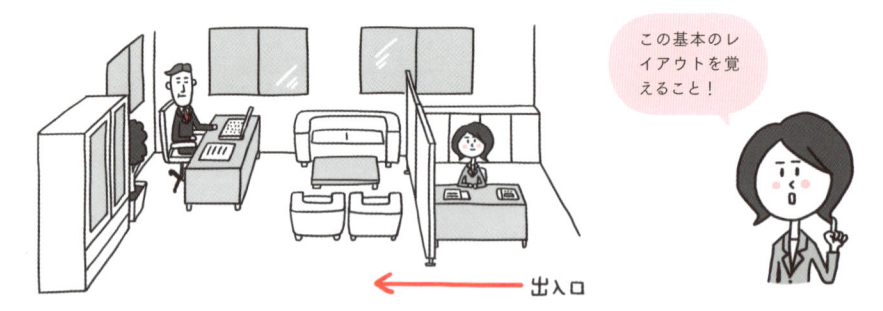

この基本のレイアウトを覚えること！

▶ **掃除**
- 置物……羽ばたきを使う。
- 油絵……羽ばたき・筆を使う（洗剤ではふかない）。
- 応接セット……からぶき、ブラシで汚れをこする。クロスやカバーは週1回洗濯する。
- 観葉植物……ふきんを水でぬらし、固く絞ってふく。

▶ **オフィス機器**
- スキャナー
  文書や画像を読み取る装置。パソコンを接続させ画像を取り込み文書作成などに利用。
- プロジェクター
  パソコンを接続させて、図や文字をスクリーンに映し出す装置。

3日目 きょうの一問一答 ③

日程管理・環境整備

Q1 上司の私的な用件は予定表に書かずにどこに書いておくか？
A1 自分の手帳などに控えておく

Q2 予定の変更があったら、それをどのように訂正するか？
A2 変更の前がわかるように、二本線で訂正する

Q3 先方からの変更の申し入れはどうするか？
A3 上司と相談し、了承を得て先方に返事をする

Q4 上司の出張日程を組んだらどうするか？
A4 出張日程表を作成し、上司に確認する

Q5 上司が出張から戻った後の秘書の仕事を4つあげなさい。
A5 ① 留守中の報告　② 旅費の精算　③ 出張報告書作成の手伝い　④ 必要により礼状を出す

Q6 上司の部屋の照明に向いているものは？
A6 間接照明

Q7 上司の部屋のドアに防音のためつけたほうがよいものは？
A7 ドアチェック・ドアクローザー

Q8 上司の部屋の湿度は年間を通じて何％くらいがよいか？
A8 50〜60%

Q9 オフィスにおける上司の席の、レイアウトの配慮点を4つあげなさい。
A9 ① 机は入口から見えない配置　② 外光が左もしくは背から入る机の配置　③ 応接セットは上司が下座に座りやすい位置　④ 上司と秘書の机は向かい合わせにならない配置（同室の場合）

Q10 オフィスにおける秘書の席の、レイアウトの配慮点を3つあげなさい。
A10 ① 来客が秘書の机の前を通り、上司のところへ行ける配置　② 入口のドア近くにする（人の出入りがわかるようにする）　③ 応接セットの来客と視線が合わないように配置

きょうの力試し問題 ④

日程管理・環境整備

1 2·3級

次は秘書A子が、他部署にも知らせる上司のスケジュール表に記入したことである。中から不適当と思われるものを選びなさい。

① 定期健康診断
② 恩師の受賞祝賀会
③ 下半期予算会議
④ 業界団体ゴルフコンペ
⑤ 経済誌のインタビュー

2 2·3級

次は秘書A子が、予定表の作成や管理について行っていることである。中から適当と思われるものを選びなさい。

① 月間予定表には、出張、会議や会合、訪問などを記入するが、年間予定は記入しない。
② 株主総会や定例役員会など年間を通じて日程が決まっているものは、年間予定表で管理している。
③ 週間予定表には、最新の決定事項だけを記入し、月間予定や年間予定は記入しない。
④ 予定表は秘書の判断で関係者に配付し、自分と上司が1部ずつ持つ。
⑤ 会議は長引くことが多いので、次の予定を入れるときはいつも十分な間を取っている。

3 2級

次は、オフィス環境について述べた組み合わせである。中から不適当と思われるものを選びなさい。

① 防音 ─────── ドアチェック・ドアクローザー
② 照明 ─────── 間接照明
③ 湿度 ─────── 春秋50～60%　夏40% 冬50%
④ 置物の掃除 ─── 羽ばたき
⑤ 観葉植物の掃除 ─ 固く絞ったふきん

4 2級

上司と秘書が同室の場合、下記の5つの配置はどのようにするのがよいか、レイアウトを記入しなさい。

① 上司の机といす
② 上司用のキャビネット
③ 応接セット
④ 秘書の机といす
⑤ つい立て

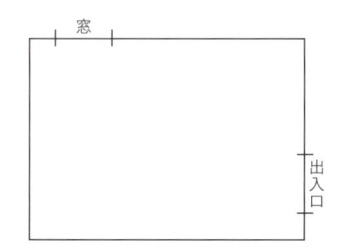

```
┌─┤ ├──────────┐
│      窓           │
│                   │
│                   │
│                  ┤├
│                  出
│                  入
│                  口
│                  ┤├
└───────────────────┘
```

5 2級　ひっかけ問題

次は秘書A子が、上司(部長)のスケジュールに関して行ったことである。中から不適当と思われるものを選びなさい。

① 「ちょっと出かけてくる」と言われたとき、行き先は尋ねず帰社予定時間だけを尋ねた。
② 専務との打ち合わせが長引き、次の予定に差し支えそうなとき、専務秘書に頼み、上司(部長)に次の予定について伝えてほしいと言った。
③ 朝、上司から体調不良の連絡があったので、夕方のパーティーは欠席すると取引先へ連絡した。
④ 外出していた上司から今日は会社に戻らないとの連絡があったので、明日の朝一番の予定を伝えた。
⑤ 他部署から急に上司(部長)にも会議に出てほしいと連絡があり、予定が重なっていたが、上司に確認してから返事をすると言った。

解答 & 解説 ④

3日目 きょうの力試し問題 ④

		解答
1	❶ ⭕ 知らせても問題のないことである。 ❷ ❌ 私的な用事なので、秘書の手帳だけに書きとめておけばよい。 ❸ ⭕ 会議関係は知らせても問題がない。 ❹ ⭕ ゴルフコンペであっても、仕事として参加しているので知らせても問題ない。 ❺ ⭕ 知らせても問題のないことである。	❷
2	❶ ❌ 年間予定の出張や会議、訪問などを記入し社内関係者に配付するが、日程くらいにとどめ詳細は記入しない。 ❷ ⭕ これ以外に年間予定としては、入社式や創立記念日などがある。 ❸ ❌ 月間予定や年間予定も記入する。 ❹ ❌ もれがないか一度上司に見せてから、月間予定表だけを詳細は記入せず、関係者に配付する。そして秘書と上司で1部ずつ持つ。 ❺ ❌ そのとおりだが、終了時刻も決まっている。いつも間をあけていては上司の時間が無駄になりスムーズに動けない。	❷
3	❶ ⭕ ドアを強制的に閉める金具をつけるとよい。 ❷ ⭕ 間接照明は光がやわらかで、目が疲れない。 ❸ ❌ 湿度は年間を通じて50〜60%が正しい。 ❹ ⭕ 水ぶきをしないこと。 ❺ ⭕ ふきんを水にぬらし、固く絞ったものでふくこと。	❸
4	模範記述は右図、注意点は以下のとおり。 （上司） ＊机は入口から直接見えないようにする。 ＊上司と秘書の机は向かい合わせにならない配置にする。 ＊応接セットは上司が下座に座りやすい位置にする。 （秘書） ＊来客が秘書の机の前を通るようにする。 ＊入口近くに机を配置する。 ＊応接セットの来客と視線が合わないようにする。	
5	❶ ⭕ よけいなことは尋ねず、時間管理だけしっかり行うこと。 ❷ ⭕ このように専務秘書にお願いして、<u>上司本人に伝えてもらうのが一般的なやり方</u>。ここがひっかけ。 ❸ ❌ 秘書が勝手に判断して返事をしてはいけない。上司にどうするか尋ねるか、代理でもよいか提案するのが一般的なやり方。 ❹ ⭕ 明朝の予定はしっかり伝えること。 ❺ ⭕ たとえ予定が重なっていても秘書が勝手に判断しない。	❸

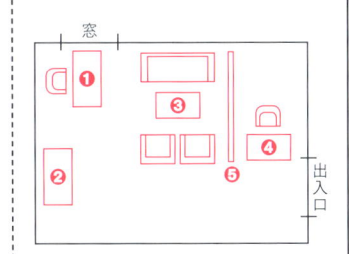

COLUMN my失敗談③

「対策書をそろえただけで合格した気になっていました」

　社会人1年目の宇部さんは勤め先で営業を担当しています。何事にも丁寧で準備万端の仕事ぶりは、1年目ながらお客様からも高い評価を得ています。また人と接する仕事柄、敬語など言葉遣いには人一倍気をつけるようにしてきました。あるとき取引先の人から「宇部さんは言葉遣いも仕事も丁寧ですね。秘書検定でも持っているのですか？」と聞かれました。そこで秘書検定を詳しく調べてみることにしました。

　秘書検定の5つの分野・科目のうちの、「技能」や「マナー・接遇」については営業の知識があるので基本は少なからず身についている。あとは傾向と対策を知ればなんとかなるだろう。「一般知識」は新聞記事から出題されるようなので、これはお客さまと話をするうえで生かせる知識だからぜひ覚えたい。「必要とされる資質」と「職務知識」はゼロから学べばいい、といった自分なりの全体像が見えてきました。

　さっそく、書店に向かい参考書と問題集の吟味を始めます。宇部さんはたとえ検定試験であっても、仕事と同じように、万全の準備をすることこそが合格につながると信じていました。あれこれ手に取っていたら1時間もたってしまい、これを買えば絶対に合格すると思える参考書と問題集を購入し自宅に帰りました。参考書をパラパラめくっていると充実した内容が書かれていて「やはりこれを買ってよかった」と安心しました。

　そうこうしているうちに試験日を迎え、あれだけ充実した参考書と問題集に目を通したのだから合格する、と信じて試験に臨みました。しかし結果は「不合格」。「なんで？　あれだけ準備したのに！」と叫びたくなりました。

　翌日、不合格のことを同僚に話したら「これを"買えば"絶対に合格するのではなく、これを買って"やれば"絶対に合格する」のであって、そこを勘違いしていたのではないかと言われました。宇部さんは参考書と問題集の吟味に時間をかけたことに満足し、合格するつもりになっていました。

　本当の準備とは、重要語句を覚えたり、問題集を解いたり、学習を何度もくり返し勉強することなのです。秘書検定の勉強を通じ、自分の盲点に気づいた宇部さんでした。

4日目

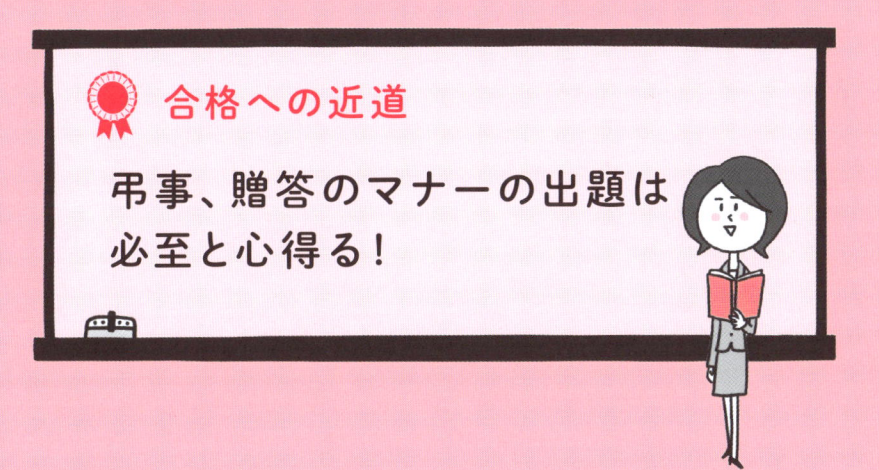

マナー・接遇 その1

35問中、「マナー・接遇」から **12問** 出題
（マークシート10問　記述2問）

🎖 合格への近道

弔事、贈答のマナーの出題は必至と心得る！

4日目 マナー・接遇 その1
慶事・パーティーのマナー

受かる人は……
神式と**キリスト教式**の**葬儀のしきたり**を押さえている

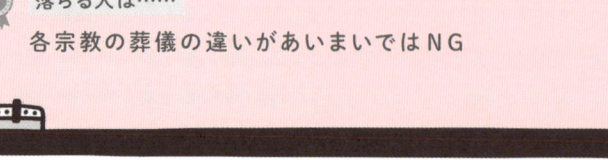

落ちる人は……
各宗教の葬儀の違いがあいまいではNG

慶事の服装　　　　　　　　　　頻出度 ★★

▶ **慶事**　私的関係の場合 ➡ 婚礼、長寿、受賞（賞を受けること）、受勲（国から勲章や褒章を授けること）などのお祝い事。
会社関係の場合 ➡ 落成（建物などが完成すること）、開店、新築、開業などのお祝い事。

▶ **慶事の服装**　男性と女性それぞれに、和装・洋装の決まった服装がある。

		男　性		女　性	
		午前・昼（日中）	午後・夜間（日没後）	午前・昼（日中）	午後・夜間（日没後）
洋装	正装	モーニングコート	燕尾服、タキシード	アフタヌーンドレス	イブニングドレス
	略装	ブラックスーツもしくはダークスーツ			カクテルドレス
和装	正装	黒羽二重の紋付羽織袴		既婚者は留袖、未婚者は振袖	
	略装	なし		訪問着、付下げ、中振袖	

アフタヌーンドレス　　カクテルドレス　　振袖　　イブニングドレス

4日目 慶事・パーティーのマナー

- **モーニングコート**
ネクタイ（白無地・黒地に白、銀とグレーのストライプ）、ワイシャツ、手袋は白、靴下と靴は黒

- **燕尾服**
ネクタイ、ワイシャツ、手袋は白。靴下は絹製の黒、靴は黒。燕尾服の後ろは燕の尾のように割れている

- **タキシード**
ネクタイは黒の蝶ネクタイ、ワイシャツはひだ胸、手袋は白、靴下は絹製の黒、靴はエナメル

▶ 秘書の服装（受付事務を担当する場合）
- 礼服に準じた服装。
- 多少改まった<u>スーツ</u>でよい。胸にコサージュなどを飾る程度。招待客ではなく、秘書として出席することを自覚する。振袖などの必要はない。
- 再び職場に戻って仕事ができる服装にすること。

▶ 慶事のときの秘書の庶務
- 祝い品を直接届けるときは<u>吉日</u>の午前中に。
- 招待状の返事はなるべく早く出す。
- 慶事の招待を欠席するときは祝電を打つ。
- 祝電は「<u>日時指定</u>」で依頼する。

パーティーの服装　　頻出度 ★

▶ **指定なしの場合**　開催時刻・格式・形式を考慮する。招待主に事前に問い合わせる。
▶ **公式の場合（フォーマル）**　男性はタキシード、女性はイブニングドレス。
　＊「ブラックタイでお越しください」の指示があった場合、男性は<u>タキシード</u>で行くこと。
▶ **非公式の場合（インフォーマル）**　男性はダークスーツ、女性は地味なワンピースかスーツ。
　＊「平服でお越しください」と指示があっても、<u>普段着（カジュアルな服）</u>では行かないこと。

パーティーの形式 頻出度 ★★★

名　称	時間帯	形　式
ランチョン・パーティー （昼食会）	正午〜午後2時	● 略式の<ruby>晩餐会<rt>ばんさんかい</rt></ruby> ● メインディッシュを肉か魚に分けてある軽めのもの
ディナー・パーティー （晩餐会）	午後6時以降	● 格式が高い　● フルコースが出る ● 服装の指定がある ● 席次が決まっている
カクテル・パーティー （飲酒会）	夕刻〜1、2時間で終了	● アルコールが主体　● 夕食は出ない ● 指定された時間内ならいつ来ても、いつ帰っても自由
ビュッフェ・パーティー	昼食をはさんで1〜2時間程度	● 立食パーティーのこと　● 軽食が出る ● 多人数のときの形式　● 自由に懇談

神式葬儀のしきたり 頻出度 ★★★

▶ **通夜式**　仏式の通夜にあたるもので、神式の呼び名。
▶ **供物**　神式ではお神酒などを供える（仏式 ➡ 線香など、キリスト教式 ➡ 白系の生花など）。
▶ **上書き**　神式の香典の上書きは「御霊前」「御玉串料」。
▶ **玉串奉奠**　仏式の焼香にあたるもので、神式のしきたり。

◆ 玉串奉奠の手順

❶ 神官から玉串を受け取り、右へ回転させる
❷ 左右の手を持ち替え、さらに右へ回転し、枝もとを故人のほうへ向けて供える 
❸ 二礼二拍手一礼する（音を立てない、忍び手）。再拝二拍手一拝ともいう 

▶ **注意点**　「冥福」「供養」などの仏教用語は使わないこと。

キリスト教式葬儀のしきたり 頻出度 ★★★

▶ **通夜祭**　仏式の通夜、神式の通夜式にあたるもので、キリスト教式の呼び名。
▶ **上書き**　キリスト教式の香典の上書きは「御霊前」「御花料」。

▶ **献花** 仏式の焼香、神式の玉串奉奠にあたるもので、キリスト教式のしきたり。

◆ 献花の手順

① 入口で花が**右**、茎が**左**向きになるように受け取る
② 献花台へ進み、一礼後、時計回りに花を90度回す
③ 茎が**向こう**になるように献花台にのせて捧げる
④ 黙禱する

弔事の服装

頻出度 ★★

▶ **葬儀・告別式の服装** 遺族は正式喪服、一般参列者は略式のスーツやワンピース。

	遺族・親族	一般参列者
男性	洋服はモーニングコート、白ワイシャツ、黒ネクタイ、黒靴下、黒靴。和装なら<u>紋付羽織袴</u>	正式はモーニングコート。略式は黒や紺のスーツに黒いネクタイ
女性	仏式は黒紋付（黒喪服）の着物に黒喪帯、黒小物	光沢のない黒ワンピースか黒スーツ。靴、ハンドバッグも光沢や<u>金属飾り</u>のない黒のもの。アクセサリーは真珠の一連ネックレス、結婚指輪のみ可

遺族・親族の和装　　モーニングコート　　ダークスーツ　　黒ワンピース

▶ **通夜の服装**　「取り急ぎで駆けつける」の意味合いがあるので、地味な服装であれば、葬儀のような喪服でなくてもよいとされている。

4日目　慶事・パーティーのマナー

4日目 マナー・接遇 その1 弔事のマナー

> 受かる人は……
> **仏式葬儀**の**流れ**と**しきたり**を押さえている

> 落ちる人は……
> 仏式葬儀の流れがつかめていないのはNG

訃報を受けたときの対応　頻出度 ★★

▶ **弔事**　葬儀関連や法要のこと。
▶ **訃報を受けた際の確認事項**
　1 逝去の日時　＊逝去を知ったらすぐ弔電の手配が必要なため。
　2 経緯と死因
　3 喪主の氏名・住所・電話番号
　　＊弔電の手配に必要。
　4 通夜・葬儀・告別式の日時と場所
　5 葬儀の形式（宗教）
　　＊香典や供物、供花が宗教によって異なるので注意。

▶ **確認後の対応**
　1 社内関係者に連絡
　2 弔電の手配（上司に確認してから）
　　＊弔電を送る際はだれの名前（社長名か部長名か）で打つのかも確認。
　3 香典・供物・供花の手配
　　＊社内の前例を参考にする。
　　＊「供物」は葬儀の前日までに届ける。
　4 上司参列の場合はスケジュール調整
　　＊代理出席の場合はだれが出席するのかを確認。

（覚えるべき5項目！）

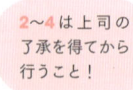

（2〜4は上司の了承を得てから行うこと！）

弔事に関する用語　頻出度 ★★

▶ **会葬**　葬儀に参列すること。
▶ **弔問**　故人の霊に挨拶し、遺族にお悔やみを述べるために訪問すること。

- **社葬** 会社に功績のあった人に対して会社主催で行う葬儀。
- **喪主** 葬儀を行う代表者、主催者。
- **喪中** 喪に服している期間。一周忌までの期間(忌中は四十九日まで)。
- **布施** 葬儀や法事の際、僧侶に渡す現金などのお礼のこと。

仏式葬儀の流れとしきたり　頻出度 ★★★

		意味合い	留意点
通夜		故人を葬る前夜、遺族や親族が最後の別れを惜しみ、終夜過ごす儀式	＊親しい間柄であれば弔問する ＊喪服の必要はない
葬儀		遺族や親族・故人と関係の深かった人が別れを告げる儀式	＊喪服で参列。香典の上書きは「御霊前」「御香典」
告別式		一般会葬者(参列する人)が焼香し別れを告げる儀式 ◆焼香の手順 ❶遺族に一礼し焼香台へ進み、遺影に一礼 ❷3本の指で香をつまみ、少し押しいただいて香炉の上に落とす ❸遺影に合掌 ❹下がって一礼し、遺族に一礼	＊秘書代理出席の場合は、会葬者名簿に上司の名前を記入し左下に「代」と書き添える ＊挨拶は「このたびはご愁傷様でした」「お悔やみ申し上げます」など ＊香典は通夜か告別式の際に渡す ＊代理であることは言わない ＊顔見知りがいても目礼だけにとどめる
火葬		近親者のみ火葬場へ同行。火葬後、骨上げ	＊一般会葬者は出棺見送りまで ＊葬儀などを手伝ってもらった人へのお礼の上書きは「志」「御礼」
精進落とし		喪主と遺族が葬儀・告別式でお世話になった人たちを労い、もてなす儀式	＊火葬場まで立ち会った近親者のみ
香典返し		忌明けの四十九日過ぎに香典の返礼として物品を贈る	＊上書きは「志」「忌明け」
法要		日を決めて故人をしのぶ仏教行事。一周忌(1年後)、三回忌(2年後)など	＊香典の上書きは「御仏前」

4日目 ✅ きょうの一問一答 ①

慶事・パーティーのマナー

Q1	男性の慶事のときの日中（午前中・昼）の洋装は？	**A1**	モーニングコート
Q2	男性の慶事のときの日没後（午後・夜間）の洋装は？	**A2**	燕尾服もしくはタキシード
Q3	燕尾服のネクタイとワイシャツの色は？	**A3**	ネクタイは白、ワイシャツも白
Q4	タキシードのネクタイの色とワイシャツのデザインは？	**A4**	ネクタイは黒の蝶ネクタイ、ワイシャツはひだ胸のあるデザイン
Q5	仕事として慶事の受付をする場合、秘書としてふさわしい服装は？	**A5**	多少改まったスーツにコサージュをつける程度でよい（すぐ日常業務に戻れる服装）
Q6	パーティーの案内状に「ブラックタイでお越しください」とあった場合の服装は？	**A6**	タキシード
Q7	パーティーの案内状に「平服でお越しください」とあった場合の、男女それぞれの服装は？	**A7**	女性は地味なワンピースかスーツ 男性はダークスーツ ＊カジュアルな普段着では行かないこと
Q8	弔事の際、女性が参列する場合の服装の注意点を4つあげなさい。	**A8**	① 黒ワンピースかスーツ ② 靴とハンドバッグも黒 ③ 真珠の一連ネックレス（二重は重なる意でNG）と結婚指輪のみ ④ 光沢や金属飾りのないもの

弔事のマナー

Q1	訃報(ふほう)を受けたとき、必ず確認しなければならない5項目は？	**A1**	① 逝去(せいきょ)の日時 ② 経緯・死因 ③ 喪主の氏名・住所・電話番号 ④ 通夜・葬儀・告別式の日時・場所 ⑤ 葬儀の形式
Q2	仏式葬儀で3本の指で香をつまみ、少し押しいただいて香炉の上に落とすしきたりを何というか？	**A2**	焼香(しょうこう) ＊漢字で書けるようにしておく
Q3	神式葬儀で玉串を受け取り、右へ回し、枝もとを故人へ向け供え、二礼二拍手一礼するしきたりを何というか？	**A3**	玉串奉奠(たまぐしほうてん) ＊漢字で書けるようにしておく。記述の場合「奠」はひらがなで「玉串奉てん」としてもよい
Q4	キリスト教式葬儀で、花が右、茎を左にして受け取り、一礼後、時計回りに回し、茎が向こう側になるように置き、黙禱するしきたりを何というか？	**A4**	献花 ＊漢字で書けるようにしておく
Q5	葬儀に参列することを何というか？	**A5**	会葬
Q6	遺族を訪問してお悔やみを言うことを何というか？	**A6**	弔問(ちょうもん)
Q7	葬儀を行う代表者・主催者を何というか？	**A7**	喪主(もしゅ)
Q8	喪に服している期間を何というか？	**A8**	喪中
Q9	服喪の期間が終了することを何というか？	**A9**	忌明(きあ)け
Q10	もらった香典に対して、返礼の品物を贈ることを何というか？	**A10**	香典返し
Q11	仏式で故人の冥福(めいふく)を祈るための行事を何というか？	**A11**	法要(ほうよう)
Q12	会社に功績のあった人に対して、会社主催で行う葬儀を何というか？	**A12**	社葬

4日目 きょうの一問一答 ①

きょうの力試し問題 ①

慶事・パーティーのマナー／弔事のマナー

1 〈2・3級〉

秘書A子は、会社の設立記念パーティーで来賓受付を担当することになった。このような場合のA子の服装について、中から適当と思われるものを選びなさい。

① 会社行事のパーティーなのだから、ふだんどおりの服装でよい。
② パーティーの受付を担当するのだから、軽快なツーピースがよい。
③ 祝賀行事の来賓の受付なのだから、華やかなワンピースがふさわしい。
④ 会社行事のパーティーなので、普段より改まっていればよい。
⑤ 招待客に対して敬意を表す意味で、黒のワンピースがよい。

2 〈2・3級〉

次は、パーティーに関する用語とその意味や説明の組み合わせである。中から不適当と思われるものを選びなさい。

① 平服 ――― 男女ともにスーツか女性はワンピース
② ブラックタイ ――― 男性はタキシード、女性はイブニングドレス
③ ディナー・パーティー ――― 男性は燕尾服かタキシード、女性はイブニングドレス
④ ビュッフェ・パーティー ――― 立食パーティー
⑤ カクテル・パーティー ――― 開催時間を自由に設定

3 〈2級〉

次は、上書きとそれらが使われるときの組み合わせである。中から不適当と思われるものを選びなさい。

① 「御布施」 ＝ 仏式の香典返し
② 「御仏前」 ＝ 仏式の法要
③ 「御花料」 ＝ キリスト教式の香典
④ 「御榊料」 ＝ 神式の香典
⑤ 「志」「忌明け」 ＝ 仏式の香典返し

4 〈2級〉

次は、葬儀における宗教のしきたりである。それぞれの名称を答えなさい。

① 入口で花が右、茎が左向きに受け取り、台へ進み、一礼後、時計回りに回し、茎が向こう側になるように置き、黙禱する。
（　　　　　）
② 3本の指で香をつまみ、少し押しいただいて香炉の上に落とす。
（　　　　　）
③ 神官から玉串を受け取り、右へ回し、枝もとを故人のほうへ向けて供え、二礼二拍手一礼をする。
（　　　　　）

5 〈2級〉 ひっかけ問題

次は、弔事におけるしきたりについて述べたものである。中から不適当と思われるものを選びなさい。

① 仏式では、1年後に故人をしのぶ「一周忌」と、3年後に行われる「三回忌」の法要がある。
② 仏式では、忌明けの四十九日過ぎに香典の返礼として物品を贈る「香典返し」がある。
③ キリスト教式の葬儀では、「ご冥福」などの仏教用語は使わないようにする。
④ キリスト教式の献花では、花を献花台に置き、最後は黙禱する。
⑤ 上司の代理で参列したので、記帳する際には上司の名前を書き、左下に「代」と加えた。

解答 & 解説 ①

1
- ❶ ✗ ふだんとまったく同じでは、場にふさわしくない。
- ❷ ✗ 軽快なのはよいが、仕事に戻ることを考えると❹のほうがよい。
- ❸ ✗ あくまでも秘書としての仕事の一環なので、華やかさは必要ない。
- ❹ ○ ふだんの服装よりも改まっていればよく、あくまで仕事の一環としてとらえる。
- ❺ ✗ 黒いワンピースは弔事の服装である。

解答 ❹

2
- ❶ ○ 「平服でお越しください」とあってもカジュアルな服装のことではない。
- ❷ ○ 公式のパーティーでは「ブラックタイでお越しください」と案内される。
- ❸ ○ 晩餐会のことなので、格式が高く服装の指定がある。
- ❹ ○ 多人数で行う立食パーティーのことである。
- ❺ ✗ 指定された時間内であればいつ来ても、いつ帰ってもよいという意味であり、夕刻から1、2時間行われる。

解答 ❺

3
- ❶ ✗ 「御布施」は僧侶に渡すお礼の上書き。仏式の場合だけに使われる。
- ❷ ○ 仏式の法要の香典は「御仏前」である。
- ❸ ○ キリスト教式の香典は「御霊前」か「御花料」である。
- ❹ ○ 神式の香典は「御榊料」「御玉串料」「御霊前」である。
- ❺ ○ 仏式の香典返しは、この2つを覚えておくこと。

解答 ❶

4
- ❸ 「奠」をひらがなにして「玉串奉てん」でもよい。

解答
- ❶ 献花
- ❷ 焼香
- ❸ 玉串奉奠

5
- ❶ ✗ 仏式での法要は1年後の「一周忌」と、2年後の「三回忌」である。3年後ではないので注意。ここがひっかけ。その後もすべて「満」ではなく「数え」で数えた年数になる。
- ❷ ○ 正式には四十九日過ぎに、お茶、タオル、のりなどの実用品を挨拶状とともに送るが、最近では葬儀、告別式が終わったときに一般会葬者に手渡されることもある。
- ❸ ○ 宗教が異なる場合、「供養」「成仏」といった仏教用語は使わない。
- ❹ ○ キリスト教式では設問どおりの方法で「献花」する。
- ❺ ○ 代理で参列した場合はそのことを口頭で伝える必要はなく、上司の名前を書き左下に「代」と書き加えればよい。

解答 ❶

4日目 マナー・接遇 その1
贈答のマナー

受かる人は……
慶事も弔事も **上書きを1つは必ず暗記する**

落ちる人は……
水引の蝶結びと結び切りが区別できていないのはNG

現金の包み方　　　頻出度 ★

▶ **慶事の包み方**　新札を用意し、濃い墨で書く。上包みは「下」を「上」に重ねる。
▶ **弔事の包み方**　新札でなくてもよい。薄墨で書く。上包みは「上」を「下」に重ねる。
▶ **中袋（中包み）の書き方**　慶事の場合は表に金額を書き、裏の左下に住所と氏名を書く。市販の中袋の裏に金額欄がある場合はそこに金額を書く。

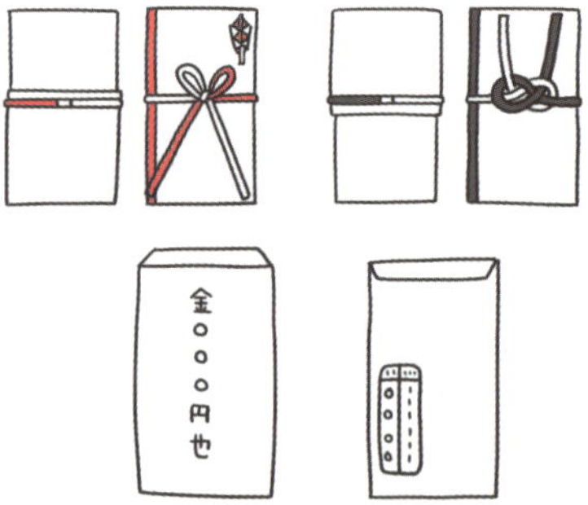

水引の種類　　　頻出度 ★

▶ **水引**　「水引」は、もともとは贈り物や金包みをほどけないようにしっかりと結びとめておくための帯のような役割を担っていた。現代では贈り物を美しく引き立てるものとして、いろいろと装飾されている。
▶ **蝶結びの水引**　何回あってもよいことに使う。
例：出産
▶ **結び切りの水引**　一度きりのほうがよいことに使う。
例：結婚、弔事

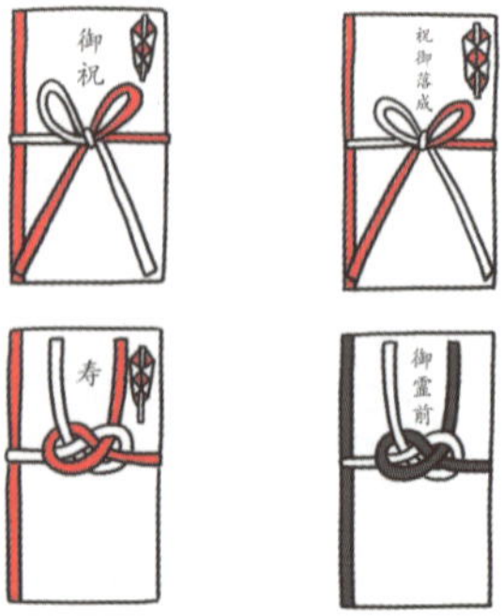

表書き（記名）

頻出度 ★★★

▶ **表書き** お金を包む、いわゆる「祝儀袋」や「不祝儀袋」の「のし」や「水引」で、お祝いや不幸を悼む気持ちを表している。
例：祝儀袋

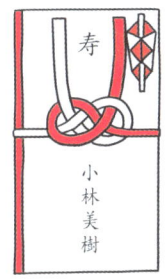

●1名の場合
フルネームで中央にまっすぐに書く

●連名の場合
3名までは名前を、年齢順か上位から下位の順に、右から入れる

●4名以上の場合
代表者名と「外一同」または「他〇名」と入れ、別紙に全員の名前を書いて中包みに入れる

●会社名を入れる場合
名前の右側に略さず正式名を小さく入れる

●連名で宛て名が入る場合
年齢順か上位から下位の順に、名前を左から入れる。宛て名は左上に書く

慶事の上書きと水引

頻出度 ★★★

用途	上書き	水引
結婚	寿／御祝 ➡ 祝御結婚／御結婚祝／結婚御祝　でも可	結び切り
結婚のお返し	内祝(うちいわい)	結び切り
出産	寿／御祝 ➡ 祝御出産／御出産祝／出産御祝　でも可	蝶結び
出産のお返し	内祝	蝶結び
新築	御祝 ➡ 祝御新築／御新築祝／新築御祝　でも可	蝶結び
ビル・社屋新築	御祝 ➡ 祝御落成／御落成祝／落成御祝　でも可	蝶結び
開店・開業	御祝 ➡ 祝御開店／御開店祝／開店御祝 　祝御開業／御開業祝／開業御祝　でも可	蝶結び
賀寿	寿／御祝 ➡ 祝御長寿／御長寿祝／長寿御祝　でも可	蝶結び

弔事の上書きと水引

頻出度 ★★★

葬儀の形式	用途	上書き	水引
仏式	通夜	御香典／御霊前	結び切り
仏式	葬儀・告別式	御香典／御霊前	結び切り
神式	葬儀・告別式	御霊前／御玉串料／御榊料(おさかきりょう)	結び切り
キリスト教式	葬儀・告別式	御霊前／御花料（プロテスタント） 御ミサ料（カトリック）	なし
仏式・神式	香典返し	志／忌明け	結び切り
仏式	法要	御仏前	結び切り
仏式	僧侶へのお礼	御布施(おふせ)	結び切り （またはなし）

その他の上書きと水引

頻出度 ★★★

用途	上書き	水引
病気見舞	御見舞／祈御全快（いのるごぜんかい） ＊現金が一般的。品物なら果物がよい ＊「根づく（寝づく）」といわれ、忌み嫌われる鉢植えの花より、切り花がよい	一般的になし
病気見舞のお返し	内祝／快気内祝／快気祝／全快気	結び切り
災害見舞	御見舞／災害御見舞／火災御見舞／類焼御見舞／近火御見舞（きんか）／地震御見舞／水害御見舞／台風御見舞	一般的になし
一般のお礼	寸志（目下の者へ） 謝礼／薄謝（はくしゃ）（一般の場合）	蝶結び
転勤	御祝／祝御栄転（栄転の場合） 御餞別（おせんべつ）（通常の場合）	蝶結び
訪問時の手土産	粗品	蝶結び
祭礼への心づけ	御祝儀／御奉納（ごほうのう）	蝶結び
季節の贈答	御中元……7月初め〜15日 暑中御見舞……7月15日〜立秋（8月8日頃） 残暑御見舞……立秋（8月8日頃）を過ぎてから8月末まで 御歳暮……12月初め〜20日（末日まででもよい） 寒中御見舞……御歳暮の時期が過ぎた場合	蝶結び

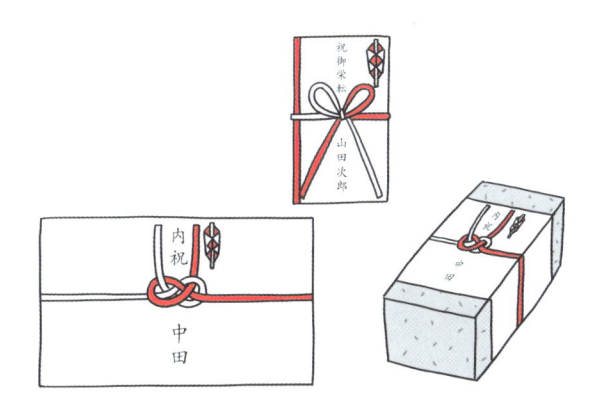

4日目 贈答のマナー

4日目 ✓ きょうの一問一答②

贈答のマナー

Q1 慶事のときの現金の包み方は？

A1 ①新札を準備
②上包みは下を上に重ねる
③濃い墨で書く

Q2 弔事のときの現金の包み方は？

A2 ①新札でなくてもよい
②上包みは上を下に重ねる
③薄墨で書く

Q3 水引の「蝶結び」と「結び切り」の使い分けは？

A3 何回あってもよいことには「蝶結び」（出産、長寿、新築、栄転など）、一度きりのほうがよいことには「結び切り」（結婚、弔事全般）

Q4 一般的に水引をかけないのはどんなときか？

A4 病気見舞（白無地封筒）、災害見舞（白無地封筒）

Q5 宗教に関係なく弔事の際に使われる上書きは？

A5 「御霊前」

Q6 仏式葬儀の際の上書きは？

A6 「御香典」「御霊前」

Q7 神式葬儀の際の上書きは？

A7 「御玉串料」「御榊料」「御霊前」

Q8 キリスト教式葬儀の際の上書きは？

A8 「御花料」「御霊前」（プロテスタント）、「御ミサ料」（カトリックのみ）

Q9 仏式における香典返しの上書きは？

A9 「志」「忌明け」

Q10 仏式における僧侶へのお礼の上書きは？

A10 「御布施」

Q11 一般的なお礼の場合の上書きは？

A11 「謝礼」「薄謝」

Q12	目下の人へのお礼の上書きは？	A12 「寸志」
Q13	「寿」が上書きとして使われるのは、どんなとき？	A13 出産、結婚、賀寿（還暦、古希など）
Q14	結婚や出産のお祝いに対するお返しの上書きは？	A14 「内祝」
Q15	転勤する人への上書きは？	A15 「御餞別」。栄転の場合は「御祝」「祝御栄転」
Q16	病気、けが、入院の見舞いの上書きは？	A16 「御見舞」「祈御全快」
Q17	7月初め～15日頃の贈答品の上書きは？	A17 「御中元」
Q18	7月15日～立秋（8月8日頃）の贈答品の上書きは？	A18 「暑中御見舞」
Q19	8月8日頃（立秋）を過ぎた贈答品の上書きは？	A19 「残暑御見舞」
Q20	12月初め～20日頃の贈答品の上書きは？	A20 「御歳暮」
Q21	1月6日頃～2月4日頃（立春）の贈答品の上書きは？	A21 「寒中御見舞」
Q22	お祝いを3名でまとめて贈る場合、祝儀袋の表書きは、どのような順で名前を書くか？	A22 右から年齢順か、上位の順で入れる（3名まで）
Q23	お祝いを4名以上でまとめて贈る場合、祝儀袋に書く表書きはどのようにするか？	A23 代表者名と「外一同」または「他〇名」と入れ、別紙に全員の名前を書いて中包みに入れる
Q24	祝儀袋に会社名と氏名を入れる場合の注意点は？	A24 氏名（フルネーム）の右側に、略さず正式名（株式会社ABC）を少し小さめに入れる

4日目 きょうの一問一答②

きょうの力試し問題 ②

贈答のマナー

1 (2・3級)

次は、季節の贈答の時期である。中から不適当と思われるものを選びなさい。

1. 御歳暮　　＝　12月初め～12月末
2. 残暑御見舞　＝　立秋を過ぎた場合
3. 寒中御見舞　＝　大寒を過ぎた場合
4. 暑中御見舞　＝　7月15日～立秋
5. 御中元　　＝　7月初め～15日

2 (2・3級)

次は、秘書A子が用意した祝儀袋である。中から上書きとして不適当と思われるものを選びなさい。

1. 祭礼への心づけ　　＝　御奉納
2. 転勤する人へ　　　＝　御餞別
3. 目下の者へのお礼　＝　寸志
4. 出産祝へのお返し　＝　内返礼
5. 喜寿を迎える人へ　＝　寿

3 (2級)

次は、現金を包む場合の水引の選び方である。中から不適当と思われるものを選びなさい。

1. 結婚祝い　＝　結び切り
2. 弔事　　　＝　結び切り
3. 災害見舞　＝　蝶結び
4. 陣中見舞　＝　蝶結び
5. 栄転祝い　＝　蝶結び

4 (2級)

次の場合にふさわしい「御祝」以外の上書きを（　）内に答えなさい。

1. 結婚　　　　　　（　　　　　　）
2. 古希のお祝い　　（　　　　　　）
3. ビル・社屋新築　（　　　　　　）

5 (2級) ひっかけ問題

秘書B子が結婚することになり、同僚秘書4名で現金を贈ることになった。年齢順で山本美子、鈴木良江、斉藤佳実、森陽子となる。下の祝儀袋にどのように書けばよいか。適切な位置に書き入れなさい。

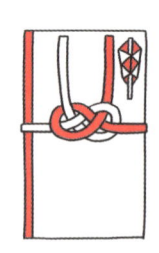

解答 & 解説 ②

1
- ❶ ⭕ 12月末まででもよいが、一般的には20日頃まで。
- ❷ ⭕ 立秋（8月8日頃）を過ぎた場合。
- ❸ ❌ 御歳暮の時期が過ぎた、1月6日頃～2月4日頃（立春）に贈る。
- ❹ ⭕ 時期を必ず覚えること。
- ❺ ⭕ 時期を必ず覚えること。

解答 ❸

2
- ❶ ⭕「御奉納」もしくは「御祝儀」である。
- ❷ ⭕ 栄転かどうかわからないので「御餞別（おせんべつ）」が適当である。
- ❸ ⭕ 相手が目下の者なので適切だが、目上の人に「寸志」は使えない。
- ❹ ❌「内返礼」という上書きはない。出産祝へのお返しは「内祝」が正しい。
- ❺ ⭕ 賀寿の上書きは「寿」か「御祝」である。

❸「寸志の」使い方を間違えないように注意！

解答 ❹

3
- ❶ ⭕ 一度きりのほうがよいので「結び切り」。
- ❷ ⭕ 弔事はほとんどが「結び切り」である。
- ❸ ❌ 災害などの見舞いの水引は「なし」が正しい。水引がないのは、災害御見舞と病気御見舞の2つだけである。
- ❹ ⭕「陣中御見舞」は選挙や物事の追い込み態勢になっている人を励ます際に使われる。お見舞の中で唯一、水引（「蝶結び」）あり。
- ❺ ⭕ 何度あってもよいことなので「蝶結び」。

同じ「○○見舞」でも❸の「災害御見舞」は「水引なし」だが、❹の「陣中御見舞」は「蝶結び」なので間違えないように！

解答 ❸

4
覚えやすいものをひとつでもいいので確実に覚えること。❸は「御祝」でも可。

- ❶「寿」「祝御結婚」「御結婚祝」「結婚御祝」
- ❷「寿」「祝御長寿」「御長寿祝」「長寿御祝」
- ❸「祝御落成」「御落成祝」「落成御祝」

5
模範記述は右図、注意点は以下のとおり。
* 上書きは「寿」「御祝」など。
* 4名以上なので、記名は山本美子を代表者名とし、「外一同」か「他三名」と入れる。<u>全員の名前は書かない。ここがひっかけ。</u>

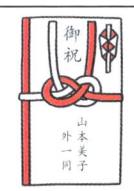

（御祝　山本美子　外一同）

4日目 マナー・接遇 その1
話し方・聞き方の基本

> **受かる人は……**
> 一度目を通したら、**問題**を**多く解いて**覚える
>
> **落ちる人は……**
> 暗記に集中するのはNG

望ましい人間関係のあり方 頻出度 ★

▶ **新任上司との人間関係**
- 前任上司と比較しない。
- 新任上司の仕事内容、進め方、性格などを早く理解する。

▶ **2人の上司との人間関係**
- 両者に平等・公平に接する。
- 両者それぞれの仕事の仕方に合わせる。
- 両者の人物評やうわさ話はしない。

▶ **秘書同士の人間関係**
- それぞれの仕事に立ち入ることはしない。
- 秘書同士協力し合い、できる限り仕事を手伝える間柄でいる。
- 自分の仕事を秘書同士だからといって押しつけたりしない。

▶ **注意すべき言動（よりよい人間関係のために）**
- 他人に責任のあるような言い方をしない。
   - **NG**「部長はご存じかと思いまして」
- 目上の人に指示するような言い方をしない。
   - **NG**「～されるのが、いちばんよろしいかと思います」
- だれに対しても、どんな場合でも、自分のミスの言い訳をしない。
   - **NG**「急な用件さえ入らなければできたのですが」

話し方

📝 頻出度 ★

▶ **感じのよい話し方・4ポイント**
1. 相手の反応を見ながら話す。
2. 具体的に話す（5W2H）。
3. 「イエス・バット方式」で話す。たとえ賛成でなくても、「そうですね」と相手の話をいったん受け入れ、それから「〜のような考え方もありますが、どう思われますか」のような話し方をする。
4. 状況に合わせて話す。
   - 相手との人間関係（初対面か親しいか）
   - 相手の理解度（知識があるか、ないか）
   - 相手の状況、心理状態（タイミングがよいかどうか）

5W2H

When	いつ
Where	どこで
Who	だれが
Why	なぜ
What	何を
How	どのように
How much	いくらで

相手がちゃんと理解しているか、相手の反応に注意しながら話して！

聞き方

📝 頻出度 ★

▶ **上手な聞き方・7ポイント**
1. 話の腰を折らないように、質問などは<u>最後</u>にする。
2. <u>うなずき</u>や<u>相づち</u>を打ちながら聞く。
3. 先入観を持たずに聞く。
4. 表情や態度から、話し手の真意をつかむように聞く。
5. 話に集中している態度で、積極的に聞く。
6. 話の要点を押さえながら聞く。必要であれば要点をメモしながら聞く。
7. 話が本題からそれたらさりげなく戻す。

▶ **相づち効果**
- 相づちには、話を促す効果がある。
- 相づちを打つときは、表情が大切。

  例：
  同意……「そうですね」「確かにそう思います」など
  同情……「残念ですね」「つらいでしょうね」など
  ほめる……「それはすごいですね」「さすがですね」など
  促す……「それで」「それから」など
  転換……「ところで」「それはそうと」など

4日目 話し方・聞き方の基本

4日目 マナー・接遇 その1
話し方・聞き方の応用

受かる人は……
一度目を通したら、**問題**を**多く解いて**覚える

落ちる人は……
暗記に集中するのはNG

報告の仕方　頻出度 ★

▶ **要領のよい報告の仕方　6ポイント**
1 まず自分が報告内容を把握する。
2 過去形で話す。　例：「〜でした」「〜ました」
3 結論から話す。
　結論 ➡ 理由 ➡ 経過（経過は順序立ててわかりやすく話す）の順序で説明する。
4 事実と推論（自分なりの見通し）を区別して話す。
5 例を示すなどして具体的に話す。　例：「新幹線と同じスピードだそうです」など
6 「以上でございます」と言い、不明点はないか確認する。
　NG 上司に「何か質問はないか」などと失礼な言い方をしない。

説明の仕方　頻出度 ★

▶ **複雑で長い内容の説明の仕方　4ポイント**
1 予告する。
　● 概略（アウトライン）……始めに概略を述べる。
　● 主要点（ポイント）……主要点から話す。
　● 説明数（ナンバー）……複数の説明がある場合は件数を予告する。
2 順序よく説明する。
　● 時間経過の順に話す。
　● 知っていることから知らないことの順（既知 ➡ 未知）で話す。
　● 重要なことを先に話す。
　● 因果関係（原因と結果）を踏まえた順で話す。

3 具体的に説明する。
グラフ、図表、写真などを使う。数値などは具体的に示す。

4 最後に要点をくり返す。
説明を終えたら、最後にもう一度要点をくり返す。

説得の仕方　　　📝 頻出度 ★

▶ **上手な説得の仕方　7ポイント**

1 不安を取り除く。

能力的不安 求められている要求が大きすぎる。	➡ <u>成功例</u>を示す。	例：以前○○の企画では高い評価をいただいたと聞いています
物理的不安 仕事が増える、時間がない。	➡ 効率性や能率性を示す。	例：毎週30分だけ時間をとっていただければ完成すると思います
心理的不安 失敗したくない、初めてでわからない。	➡ 共通心理であることを示す。	例：私も最初はそうでしたが、1か月ほどでコツがつかめます
経済的不安 予算がない、損をする。	➡ 具体的な<u>数字</u>を示す。	例：資料をご覧ください。この予算でご心配ないと思います

2 タイミングを計る。
頃合いを見て、じっくり説明する機会を作る。

3 説得を<u>くり返す</u>。
一度であきらめずに、くり返し説得してみる。積極的に説得のチャンスを作る。

4 <u>代理</u>の人に頼む。
説得をほかの人に頼むときは、人選がポイント（親しい間柄など）になる。

5 条件を<u>ゆるめる</u>。
「できる範囲でよいので」など、依頼の条件をゆるめてみる。

6 条件を<u>提示</u>する。
「次回はこちらが引き受ける」など、こちら側もある程度の条件を示す。

7 条件を<u>提示</u>してもらう。
どんな条件だったら引き受けてくれるのか、条件を提示してもらう。

注意・忠告の仕方　　　　頻出度 ★

▶ **注意・忠告する前の心がけ　4ポイント**
　1 事実関係をよく調べる。
　2 原因をつかむ。
　3 <u>効果を予測</u>する。
　4 タイミングをつかむ（時と場所を考える）。

▶ **注意・忠告する際の心がけ　7ポイント**
　1 <u>一対一</u>で話す。
　2 人前では話さない。
　3 <u>根拠</u>を示す。
　4 人と比較しない。
　5 よい点をほめながら話す。
　6 感情的にならずに冷静に。
　7 相手を追いつめない。

▶ **注意・忠告後の心がけ　4ポイント**
　1 <u>態度をいつもと変えない</u>（こだわらない）。
　2 声かけをする。
　3 忠告したことが改められているか効果を見守る。
　4 改められていなければ、タイミングよくくり返す。

> 上司や先輩への忠告は「提案」のかたちが望ましいですよ。

注意・忠告の受け方　　　　頻出度 ★

▶ **注意・忠告を受ける心構え　5ポイント**
　1 だれから言われたかではなく、「何を言われたか」が問題である。
　2 責任を回避しない。
　3 感情的にならない（忠告された内容だけを受け止める）。
　4 忠告されたからには、自分に何らかの問題があることを自覚する。
　5 言動全般を振り返ってみる。

▶ **注意・忠告の受け方　4ポイント**
　1 素直に詫びる。
　　例：「すみませんでした」「申し訳ございません」
　2 相手（上司）の<u>勘違いでも</u>反論しない。あとからおだやかに事情を説明する。
　3 期待されているからこその忠告であると受け止める。
　4 謙虚な態度で忠告を受ける。

苦情対応　　頻出度 ★

▶ **上手な苦情の受け方　5ポイント**

1. 辛抱強く最後まで聞く。
2. 苦情から逃げず、一つひとつ丁寧に適切に対応する。
3. 弁明や説明は、苦情がひととおりすんだところでおだやかに行う。
4. 担当者ではないので正確な内容がわからないときは、相手の了承を得て責任を持って担当者に引き継ぐ。
5. 潜在的苦情（言っても無駄と思い、申し立てないので表面に出てこない苦情）もあることを心得ておく。

> 相手が冷静になるのを待ってから話し出すこと！

断り方　　頻出度 ★

▶ **上手な断り方　5ポイント**

1. お詫びの気持ちを先に述べる。
2. はっきり「ノー」だとわかる返事をする。
   - **NG**「考えておきます」「検討してみます」「何とかしてみましょう」
   - **OK**「申し訳ありませんが、いたしかねます」
   - **OK**「残念ですが、お引き受けいたしかねます」
   - **OK**「ご期待に添えず、申し訳ございません」
3. 納得しやすいように理由や根拠を示す。
4. 代案を示す。
5. 相手の話は最後まで聞く。

> 肯定型の「〜しかねます」で話しましょう！

NG「考えておきます！」

OK「残念ですが…お引き受けいたしかねます」

4日目 きょうの一問一答 ③

話し方・聞き方の基本

Q1 新任上司との人間関係のポイントは？

A1 ①前任上司と比較しない ②新任上司の仕事の仕方や性格などを早く理解し、それに合わせて仕事をする

Q2 2人の上司につく場合の人間関係のポイントは？

A2 ①両者に平等に公平に接する ②両者それぞれの仕事の仕方に合わせる ③両者の人物評やうわさ話をしない

Q3 感じのよい話し方のポイントは？

A3 ①相手の反応を見ながら話す ②5W2Hで具体的に話す ③イエス・バット方式(そうですね、〜のような考え方もありますが)で話す ④状況(相手との人間関係や理解度、心理状態など)に合わせて話す

Q4 上手な聞き方のポイントは？

A4 ①話の腰を折らないで、質問は最後 ②うなずきや相づちを打つ ③先入観を持たない ④表情や態度から、真意をつかむ ⑤話に集中し、積極的に聞く ⑥話の要点を押さえて聞く ⑦話がそれたらさりげなく戻す

話し方・聞き方の応用

Q1 要領のよい報告の仕方のポイントは？

A1 ①まず自分が報告内容を把握する ②過去形で話す ③結論から話す ④事実と推論を区別して話す ⑤例を示すなどして具体的に話す ⑥不明点はないか確認する

Q2 複雑で長い内容を説明するときのポイントは？

A2 ①予告する（概略を述べる）　②順序よく説明する（時間経過順、既知から未知へ、因果関係順など）　③具体的に説明する（グラフ、図表、などを使う）　④最後に要点をくり返す

Q3 説得のポイントは？

A3 ①不安を取り除く　②タイミングを計る　③説得をくり返す　④代理の人に頼む　⑤条件をゆるめる　⑥条件を提示する　⑦条件を提示してもらう

Q4 後輩秘書に注意・忠告する場合、忠告する前に心がけることは？

A4 ①事実関係をよく調べる　②原因をつかむ　③効果を予測する　④タイミングを計る（時と場所を考える）

Q5 後輩秘書に注意・忠告するときに心がけることは？

A5 ①一対一で話す　②人前では話さない　③根拠を示す　④人と比較しない　⑤よい点をほめながら話す　⑥感情的にならずに冷静に　⑦相手を追いつめない

Q6 後輩秘書に注意・忠告したあとに心がけることは？

A6 ①いつもと態度を変えない（こだわらない）　②声をかける　③忠告したことが改められているか効果を見守る　④改められていないときは、タイミングよくくり返す

Q7 上手な断り方のポイントは？

A7 ①お詫びの気持ちを先に述べる　②はっきり「ノー」だとわかる返事をする　③納得しやすいように理由や根拠を示す　④代案を示す　⑤相手の話は最後まで聞く

Q8 上手な苦情の受け方のポイントは？

A8 ①辛抱強く最後まで聞く　②苦情から逃げない　③弁明や説明は、苦情がひととおりすんだところでおだやかに行う　④担当者ではないので正確な内容がわからないときは、相手の了承を得て責任を持って担当者に引き継ぐ

4日目 きょうの一問一答 ③

きょうの力試し問題 ③

話し方・聞き方の基本／話し方・聞き方の応用

1 2・3級

次は秘書A子が、新人秘書に教えたことである。中から適当と思われるものを選びなさい。

1. 新任上司には、その上司の仕事の内容や進め方、性格などを早く理解するよう努める。
2. 秘書同士はそれぞれの仕事にあまり立ち入らずに、仕事を手伝うことはなるべく控える。
3. 2人の上司につく場合は両者が理解し合えるよう、人物評などを伝えるようにしている。
4. 2人の上司につく場合は、平等に同じやり方で接するのがよい。
5. 新しい上司についたら、まず前任の上司のやり方についてひととおり説明する。

2 2・3級

次は秘書A子が、人から話を聞くときの聞き方として心がけていることである。中から不適当と思われるものを選びなさい。

1. 話を聞いているかどうかは態度に表れるので、聞く姿勢や態度にも気を配る。
2. 聞いているということが相手に伝わるように、相づちを打ちながら聞いている。
3. わからない点があった場合は、なるべく相手の話が終わってから尋ねるようにしている。
4. 複雑な話のときは、始めからメモを取りながら聞くように心がけている。
5. 相手の集中力を欠くので、あまり相づちを打たないように心がけている。

3 2級

次は、説得について述べたものである。中から不適当と思われるものを選びなさい。

1. 自分で説得できそうにもないときは、第三者など別の人の力を借りることも必要である。
2. 信頼関係が築けている同僚を説得するときは、その関係にわざと距離をおいてみる。
3. 相手の仕事が増え、時間的に無理であるというときは、効率や能率性を示して説得している。
4. 相手が求めている要求の程度が大きすぎると感じるときは、成功例などを示して説得する。
5. 一度で説得しようと思わず、チャンスを積極的に作り、根気よくくり返し働きかける。

4 2級

次は秘書A子が、上司から忠告を受ける際に気をつけていることである。中から不適当と思われるものを選びなさい。

1. 忠告を受けたことが納得できないときは、同僚などに意見を求めるようにする。
2. 忠告は素直に受け入れ、そのあとの仕事に活かすようにする。
3. 誤解による忠告でも、その場では素直にわび、あとから折を見て、誤解を解くようにする。
4. 期待されているからこその忠告と受け止め、反論はしないようにする。
5. 忠告を受けているときは口をはさまず、最後まで聞くようにする。

5 2級　ひっかけ問題

次は秘書A子が、上司に対して行ったことである。中から適当と思われるものを選びなさい。

1. 新任の上司には、仕事の進め方を理解してもらうために、始めはやり方を変えない。
2. 2人の上司の仲があまり良好でない場合は、両者の人物評やうわさ話はしない。
3. 上司に報告することがいくつもあるときは、新しいことを先に報告している。
4. 上司に報告が終わったら、何か質問はないか聞いている。
5. 上司から忠告を受けて、それが上司の勘違いであったらその場で訂正している。

解答 & 解説 ③

1
- ❶ ⭕ 新任上司のよりよい補佐が早くできるようになるのが大切である。
- ❷ ✕ それぞれの仕事に立ち入ることはしないが、時間があれば仕事を手伝うことも必要である。
- ❸ ✕ 人物評やうわさは慎むこと。
- ❹ ✕ 平等に接するのは大切だが、同じやり方ではなく、それぞれに合わせたやり方が適切である。
- ❺ ✕ 新任上司に対して、前任上司のことを持ち出したら不愉快に思われるだけである。

解答 ❶

2
- ❶ ⭕ 聞く側の姿勢や態度も大切である。
- ❷ ⭕ タイミングよく相づちを打ちながら聞くこと。
- ❸ ⭕ そのつど尋ねるのではなく、質問があれば最後に尋ねること。また、上司への報告の際は特に必要がないと思っても、報告後、不明な点はないか尋ねるようにする。
- ❹ ⭕ 複雑な内容であれば、メモを取りながら聞く必要がある。
- ❺ ✕ 相づちを打つのは「あなたの話を聞いている」というサインである。相手が話しやすくなり、雰囲気作りにも役立つので、必要なことである。

解答 ❺

3
- ❶ ⭕ 必ずしも自分の力だけで説得しようと思わないことである。
- ❷ ✕ どのような場合でも、相手との信頼関係があってこそ説得は成り立つものである。わざわざ距離をおく必要はない。
- ❸ ⭕ 物理的不安には、効率性と能率性を示すのがよい。
- ❹ ⭕ 能力的不安のある場合は成功例を示すのがよい。
- ❺ ⭕ 説得は「タイミング」「積極的に機会を作る」「根気よく」がポイントである。

解答 ❷

4
- ❶ ✕ 納得できないとしても、それを同僚に話し、意見を求めてもあまり意味がないので不適切である。
- ❷ ⭕ 忠告されたら、まずは素直に詫びることが大切である。
- ❸ ⭕ 誤解による忠告のときは、このようにまず詫びてから、折を見て誤解を解くほうが賢明である。
- ❹ ⭕ その場で反論するのは、秘書としてふさわしくない。
- ❺ ⭕ 忠告を受けているときは、最後まで聞くことが大切である。

解答 ❶

5
- ❶ ✕ 新任上司の仕事内容、進め方、性格を早く理解するのが秘書の務めである。
- ❷ ⭕ 設問どおりで、関係がこれ以上悪化しないようにする配慮が必要。
- ❸ ✕ 新しいものではなく、重要なものや急ぐものから報告する。
- ❹ ✕ <u>上司や目上の人に何か質問はないか、のような聞き方はしない。ここがひっかけ。</u>「何かご不明な点はございますでしょうか」が正しい。
- ❺ ✕ たとえ勘違いだとしても、その場では反論しない。あとからおだやかに事情を説明する。

解答 ❷

4日目 マナー・接遇 その1
電話応対の実際

🏅 **受かる人は……**
上司への**電話の取り次ぎ**は実際に**声に出してみる**

🥈 **落ちる人は……**
あいまいに覚えるだけではNG

電話応対　　　　　　　　　　✏️ 頻出度 ★★

▶ **相手の声が聞き取りにくい**
　NG「もう少し大きい声でお願いします」
　OK「お電話が<u>遠いようで</u>ございます」

▶ **相手に待ってもらう**
　NG 保留にせず受話器を通話中のままにしておく。
　OK 1 どんな場合も必ず保留にする。
　　　 2 理由を述べ、待ってもらうお願いをする。
　　　　「ただ今、確認をいたしますので、少しお待ちくださいませ」

▶ **長く待たせてしまう**
　NG 保留のまま、何もせずに2、3分待たせる。
　OK 1 途中でひと声かける。
　　　　「お待たせいたしております。ただ今確認にもう少し時間がかかるようです。恐れ入りますが、<u>今しばらく</u>お待ちいただいてもよろしいでしょうか」
　　　 2 相手の意向を尋ねる。
　　　　「長くかかりそうですので、こちらから<u>折り返し</u>にいたしましょうか。それとも、このままお待ち願えますでしょうか」

▶ 間違い電話

NG　「番号が違います」

OK　1　たとえ間違い電話でも、感じよく対応することで企業イメージアップにもつながる。

　　　2　こちらの電話番号を伝えると親切。
　　　　「<u>お間違いでは</u>ございませんか。こちらは03-XXXX-XXXX番です」

▶ 伝言を受ける

NG　「はい、わかりました。伝えておきます」

OK　1　必ずメモを取る。

　　　2　メモを復唱（確認）する。
　　　　「〇月〇日の会議の件で時間の変更でございますね」

　　　3　伝言者に責任を持って伝えることを告げる。「はい、〇〇に確かに<u>申し伝えます</u>」

　　　4　自分の名を伝える。「わたくし、同じ課の〇〇が<u>承りました</u>」

▶ 伝言をお願いする

NG　伝言したい内容をすぐに切り出す。

OK　1　だれに頼みたいのかを始めに伝える。「〇〇様へ伝言をお願いいたします」

　　　2　もう一度名乗り、用件を伝える。
　　　　「わたくし□□会社の〇〇と申します。明日の会議の資料の件でお電話いたしました」

　　　3　内容を簡潔に述べる。
　　　　「資料Aは必ず当日お持ちくださいとの確認でございます」

NG　「間違いがないか復唱していただけますか」と催促する。
　　　「伝言したいことがたくさんあるのでメモしてください」と催促する。

▶ 電話の取り次ぎ（上司在席）

＊在席中で「取り次がない指示」の場合は、P.154「秘書の心得」を参照。

STEP1　相手の名前・会社名を確認　「□□会社の〇〇様でいらっしゃいますね」

STEP2　日常の挨拶　「<u>いつもお世話になっております</u>」

STEP3　取り次ぐ上司を確認
　　　　「〇〇（上司名：呼び捨て）でございますね」

STEP4　取り次ぐ。「ただ今代わりますので、少々お待ちください」

STEP5　上司に電話の相手を告げる。
　　　　「□□会社の〇〇様からお電話でございます」

▶ **上司から「あとで電話する」と言ってほしいと言われた**

「申し訳ございません。○○（上司名）はただ今手が離せないようでございまして、後ほど改めてお電話を差し上げると申しておりますが、よろしいでしょうか」

▶ **上司がほかの電話に出ている**

「申し訳ございません。○○（上司名）はただ今ほかの電話に出ておりますが、いかがいたしましょうか」

- 返事が「待つ」の場合 ➡ 上司にメモを入れる（相手の名前、会社名、用件など）
- 返事が「またかける」の場合 ➡ 電話があったことを上司に必ず知らせる
- 返事が「伝言をお願いしたい」の場合 ➡ P.119「伝言を受ける」の対応

▶ **電話の取り次ぎ（上司不在）**　＊STEP1〜3は「上司在席時」と同様の対応。

STEP4　不在を伝え、対応しやすいよう先に用件を伺う。
「あいにく○○（上司名）は外出しております」
「よろしければご用件をお伺いできますでしょうか」

STEP5　尋ねられたら帰社時刻を伝える。
「○時頃戻る予定でございますが、いかがいたしましょうか」

STEP6　相手の意向に添い対応。

NG
- 上司の外出先を教える。
- 上司の携帯番号を教える。

OK
- 上司の行き先や携帯番号は教えない。
- 先方の連絡先を聞き、「こちらから連絡いたします」と言う。

> 失礼ですがお名前を伺ってもよろしいでしょうか

4日目 きょうの一問一答 ④

電話応対の実際

Q1 相手の電話の声が小さくて聞き取りにくいときは何と言うか？

A1 「お電話が遠いようでございます」
NG「もう少し大きな声でお願いします」

Q2 相手に待ってもらうときは？

A2 必ず「保留」にする

Q3 相手を長く待たせる場合は？

A3 途中でひと声かける
＊「お待たせいたしております。恐れ入りますが、今しばらくお待ちいただいてもよろしいでしょうか」など

Q4 伝言を受ける場合の手順は？

A4
① 必ずメモを取る
② 相手が言った内容を復唱する
③ 責任を持って伝えることを告げる
「確かに〇〇に申し伝えます」
④ 自分の名を伝える
「わたくし□□が承りました」

Q5 伝言をお願いする場合の手順は？

A5
① だれに伝言したいかを最初に伝える
② 自分の名を再度伝える
③ 内容を簡潔に述べる

Q6 上司から「あとで電話する」と言われたら、相手に何と言うか？

A6 「後ほど改めてお電話を差し上げると申しております」

Q7 上司がほかの電話に出ているとき、相手に何と言うか？

A7 「申し訳ございません。〇〇はただ今ほかの電話に出ております。いかがいたしましょうか」

Q8 上司が不在中、上司と連絡が取りたいので、携帯番号を教えてほしいと言われたら？

A8 教えてはいけない。先方の連絡先を聞き「こちらから連絡いたします」と言う

きょうの力試し問題 ④

電話応対の実際

1 〈2・3級〉

秘書A子は、上司（山田）の指示で取引先の鈴木部長に電話をしたが、不在だった。A子は鈴木部長の秘書に何と言えばよいか。中から適当と思われるものを選びなさい。

1. 「お戻りになりましたら、ご連絡いただいてもよろしいでしょうか」
2. 「お戻りになりましたら、直接、山田までお電話をいただけますか」
3. 「お戻りになりましたら、鈴木様のご都合を伺えますでしょうか」
4. 「ありがとうございます。それでは結構でございます」
5. 「かしこまりました。またこちらからご連絡いたします」

2 〈2・3級〉

次は秘書A子が、電話応対のときに心がけていることである。中から不適当と思われるものを選びなさい。

1. 伝言を依頼されたら「会社名とお名前をもう一度お聞かせください」と言っている。
2. 伝言を依頼する際は「〇〇様へご伝言をお願いいたします」と言ってから内容を話す。
3. 間違い電話の場合は「何番へおかけでしょうか。こちらは〇〇です」とこちらの番号を伝える。
4. 相手に待ってもらうときは必ず「少々お待ちくださいませ」と言い保留にしている。
5. 相手の電話が聞き取りにくいときは「恐れ入りますが、お電話が遠いようでございます」と言っている。

3 〈2・3級〉

次の電話の場合の言葉を、丁寧な言い方で（　）内に答えなさい。

1. 上司（佐藤部長）に電話がかかってきたが、上司はほかの電話が長引いている場合
（　　　　　　　　　　　　　　　）
2. かかってきた電話を担当者に代わる場合
（　　　　　　　　　　　　　　　）

4 〈2級〉

次は、秘書 大野A子の電話応対の流れである。「　」欄に適切な言葉を記入しなさい。

- 会社と部署を名乗る。
「はい、C会社　営業部でございます」
1. 日頃の挨拶をする。
「　　　　　　　　　　　　　　」
- 上司（佐藤）不在を告げ、帰社時間を伝える。
「あいにく佐藤は外出しておりまして、4時頃戻る予定でございます」
2. 相手から伝言をお願いされたときの返事。
「　　　　　　　　　　　　　　」
3. 伝言を聞いたことを伝え、自分を名乗る。
「　　　　　　　　　　　　　　」

5 〈2級〉　ひっかけ問題

次は秘書A子が、電話応対のときに心がけていることである。中から不適当と思われるものを選びなさい。

1. 上司の電話が長引きそうなときは、こちらからかけ直すと言う。
2. 初めて上司宛てにかかってきた電話が相手のミスで途中で切れた場合は、着信履歴が残っていたのですぐにかけ直した。
3. こちらからかけた電話が相手のミスで切れたとしても、こちらからかけ直す。
4. 伝言を受けたときは、内容を復唱し自分を名乗って、確かに伝えると言っている。
5. 相手に伝言を頼むときは、だれに伝言を頼みたいのか始めに伝える。

解答 & 解説 ④

			解答
1	❶ ✕ こちらの用件で電話をしているのだから不適切な言い方。 ❷ ✕ 同じく「直接、山田まで」などという言い方はとても失礼。 ❸ ✕ こちらの用件で電話をしているのだから、本人と直接話すのがマナー。 ❹ ✕ またこちらからかけ直すという行為だが、言い方が失礼。 ❺ ○ こちらからかけ直すという適切な言い方。		❺
2	❶ ✕ 相手は電話をかけたときに一度、会社名と自分の名前を伝えているので、こちらがメモするか、覚えていなくてはならない。伝言を依頼されて冒頭にこのように尋ねるのは不適切。 ❷ ○ 始めにだれに伝言したいのかを伝えること。 ❸ ○ こちらの番号を伝えると親切、相手も間違いに気づく。 ❹ ○ 必ず保留にして待ってもらうこと。 ❺ ○ 「お電話が遠いようでございます」の表現を覚えること。		❶
3	❶ お詫びの言葉が必要。「(大変) 申し訳ございません／恐れ入ります」など。「佐藤」と必ず呼び捨てにすること。「今」→「ただ今」、「ほかの電話が」→「ほかの電話に出ておりまして」、「長引いている」→「長くかかりそうでございます／長引きそうでございます」のようにする。 ❷ 「(大変) 申し訳ございませんが／恐れ入りますが」などの、お詫びの言葉が必要。「担当者」→「担当の者／わかる者／詳しい者」が適切。	❶ (大変) 申し訳ございません。佐藤はただ今ほかの電話に出ておりまして、長くかかりそう (長引きそう) でございます。 ❷ (大変) 申し訳ございませんが、担当の者 (わかる者／詳しい者) に代わりますので、今しばらく (少々) お待ちいただけません (ます) でしょうか。	
4	❶ 決まり文句なので覚える。 ❷ 「わかりました」「はい」だけでは不適切。 ❸ 「返事」「佐藤に伝える」「自分の名前」の3つが入っていること。	❶ 「いつもお世話になっております」 ❷ 「はい、かしこまりました。どうぞ」「はい、承ります。どうぞ」「はい、お願いいたします」「はい、どうぞ」など ❸ 「確かに承りました (確かに承知いたしました／確かに佐藤に申し伝えます)。わたくし (秘書の) 大野と申します」など	
5	❶ ○ 長引く場合は、こちらからかけ直すのが望ましい。 ❷ ✕ 基本的に着信履歴が残っていたからといって、勝手にかけてはいけない。相手からかかってくるのを待つか、上司に相談し、対応するのが望ましい。 ❸ ○ こちらからかけた電話であれば、こちらからかけ直すのが当然である。ここがひっかけ。 ❹ ○ 必ず自分を名乗り、責任を持って伝言を受ける。 ❺ ○ このあとに、伝言したい内容を伝える。		❷

COLUMN my 失敗談 ④

「"暗記した＝合格できる"と思っていました」

　遠藤さんは理系学部の大学3年生です。理系は実験やレポート提出が多いこともあり、ずっと学業に専念してきました。また彼女は新しい知識を覚えることが得意で、暗記を楽しめる性格。まじめに学業に取り組んできました。そのかいあってか、就職活動でも十分にアピールができるほどの成績です。ところがそんな遠藤さんにも、ひとつだけ心配なことがありました。就職活動で「確かに成績は良いかもしれないが、コミュニケーション能力が弱いのでは」と疑われてしまうことです。

　そこで遠藤さんは「円滑なコミュニケーションを図れるマナーや言葉遣いが身についている」というアピールのために、秘書検定の受験を考えました。さっそく書店に足を運び、秘書検定の参考書を手に取ると、自分の知らないことがたくさん載っています。新しい知識を吸収することにもともと興味や関心の高い遠藤さんは、ウキウキして参考書を購入しました。

　試験の1か月前から、大学の勉強と同じように、まず1回目は大体の内容を知るために読み、2回目は内容のひとつひとつをしっかり理解するつもりで読みました。3回目は用語が隠れるシートを使い、さらに暗記をしながら読み込みました。新しい知識をしっかり暗記できていることに安心感を覚え、「どんな問題でもスラスラ解ける」気になっていました。

　さて、試験本番です。問題を解く遠藤さんの手が何度も止まりました。正解には「○」、不正解には「×」、どちらか迷うものには「？」を付けながら問題を解いていったのですが、「？」マークばかりが付くのです。正解がわかりません。遠藤さんは焦りました。とうとう時間切れとなり、全部の問題を解けなかったのです。結果はおのずと知れた「不合格」。

　遠藤さんは気持ちを切り替え、再度受験するために自分の行動を振り返りました。「暗記が完璧だからといって正解できるとは限らない」「暗記ができているかどうかは、問題を解いてみてはじめてわかる」と気づきました。再チャレンジに向け、インプットも大事だけれど「アウトプットに力を入れる」と決めた遠藤さんでした。

マナー・接遇 その2

5日目

35問中、「マナー・接遇」から **12問** 出題
（マークシート10問　記述2問）

合格への近道

二重敬語に要注意。
尊敬語と謙譲語を区別せよ！

5日目 マナー・接遇 その2
敬語の知識

受かる人は……
二重敬語がわかる

落ちる人は……
尊敬語と謙譲語の区別がつかない

敬語の種類　　　頻出度 ★

▶ **尊敬語**　相手の動作や状態に敬意を表すもの。自分や身内には使わない。
▶ **謙譲語**　自分や関係者（家族、同じ会社の人）をへりくだり間接的に相手を高めるもの。
▶ **丁寧語**　相手に対する話し方や言葉全体を丁寧にし、敬意を表すもの。
  例：ある ➡ あります／ございます
  　　する ➡ します／いたします
▶ **美化語**　名詞や動詞に「お」「ご」をつけてやわらかくする表現。動物や自然現象、外来語や外国語にはつけない。
  ✗ きょうは風がお強いですから　➡　◯ 強いですから
  ✗ ワンちゃんが大きくなられた　➡　◯ 大きくなった

尊敬語と謙譲語の作り方　　　頻出度 ★

尊敬語 相手に対して使う	付加式	お客様が「書く」 例：お客様が「書かれる」 　　　　　　「お書きになる」	もとの言葉「書く」に「れる・られる」「お〜になる」の補助用語を添える
	交換式	お客様が「言う」 例：お客様が「おっしゃる」	もとの言葉「言う」をまったく別の言葉に言い換える
謙譲語 自分や家族、同僚、上司に対して使う	付加式	私が「読む」 例：私が「お読みいたします」 　　　「読ませていただきます」	もとの言葉「読む」に「お〜する（いたす）」「〜いただく」の補助用語を添える
	交換式	私が用件を「聞く」 例：私が用件を「伺います」 　　　　　　　「承ります」	もとの言葉「聞く」をまったく別の言葉に言い換える

尊敬語・謙譲語の例　頻出度 ★★★

もとの言葉	尊敬語（お客様が）	謙譲語（私が）
行く	● お客様が受付にいらっしゃる	● 私が受付に伺います ● 私が受付に参ります
聞く	● 説明をお聞きになりましたか ● 説明を聞かれましたか	● 説明を伺います ● 説明を拝聴します
見る	● 説明書をご覧になりましたか ● 説明書をお目通しになる	● 説明書を拝見しました
食べる	● お昼は召し上がりましたか	● お昼をいただきます
言う	● 担当者におっしゃっていただけますか	● 担当者に申しておきます
する	● 電話をなさいますか	● 電話をいたします
来る	● 受付においでになる ● 受付にいらっしゃる ● 受付に来られる ● 受付にお越しになる	● 受付に伺います ● 受付に参ります
いる	● 応接室にいらっしゃいます	● 応接室におります
訪ねる	● 当社にいらっしゃる ● 当社においでになる	● そちらに伺います ● おじゃまします
借りる	● 本をお借りになる ● 本を借りられる	● 本をお借りする ● 本を拝借する

二重敬語（間違えやすい敬語）　頻出度 ★★★

▶ **二重尊敬語**

- **NG** 社長が本を「お読みになられていらっしゃる」
- **OK** 社長が本を「お読みになっている」「読んでいらっしゃる」

- **NG** お客様が「おいでになられました」
- **OK** お客様が「おいでになりました」

「お〜なる」と「れる・られる」で二重になっています！

5日目　敬語の知識

5日目 マナー・接遇 その2 接遇用語

受かる人は……
よく出題される**接遇用語**が**すらすら言える**

落ちる人は……
「だれ」「どこ」など簡単な用語も言い換えられない

「社外の人」に社内の人のことを言う　頻出度 ★

▶ 「さん」をつけない場合

例
- NG「専務さんは、まもなくお見えになります」
- OK「専務の△△は、まもなく参ります」
- NG「部長さんは今、席におられません」
- OK「部長の△△はただ今、席をはずしております」

「参る」は「来る」の謙譲語ですよ。

［社外の人］取引相手　お客様（尊敬語）
［社内の人］専務　部長　秘書（謙譲語）

▶ 「さん」をつける場合

- 上司宅に電話をかける場合
  例　OK「専務さん、いらっしゃいますでしょうか」
- 上司の奥さまからの電話
  例　OK「専務さんはただ今、外出なさっております」

家族からの問合せの場合は、尊敬語を使いましょう！

「社内の人」に社内の人のことを言う　　📝 頻出度 ★

▶ **上位者（部長）に下位者（課長）のことを言う**
- 尊敬語は原則として使わないが、下位者（課長など）にあたる人が秘書にとって目上にあたるので、低めの尊敬語を使う。

　例　　**NG**「課長はもうお出かけになりました」
　　　　OK「課長はもう出かけられました」
　　　　NG「課長はもう外出なさっております」
　　　　OK「課長はもう外出されました」

> 「出かけました」「外出しました」では、部長に対して丁寧さに欠けますね。

よく出題される接遇用語　　📝 頻出度 ★★

よく使われる表現	接遇用語
わたし	わたくし／わたしども
だれ	どちらさま／どなたさま
だれですか	どちらさま／どなたさまでいらっしゃいますか
どこ	どちら
ここに	こちらに
あそこに	あちらに
何のことですか	どのようなことでしょうか
ちょっと	少々
そんなこと	そのようなこと
5分ぐらい	5分ほど
勤務先はどこですか	どちらにお勤めでいらっしゃいますか
ないです	ございません
残念だが	あいにくですが
悪いのですが	ご面倒ですが／お手数ですが／恐れ入りますが
いいです	結構です
せっかく来てくれたのに	わざわざおいでくださいましたのに せっかく（足を）お運びくださいましたのに せっかくお越しいただきましたのに

5日目　接遇用語

そのとおりです	ごもっともでございます
わかりました	かしこまりました 承知いたしました
なんとかしてください	ご配慮願えませんでしょうか
今、見てきます	ただ今、見て参ります
応接室へ案内します	応接室へご案内いたします
かけて待っていてください	おかけになってお待ちください
もう一度来てください	今一度ご足労願えませんでしょうか
気をつけて帰ってください	お気をつけてお帰りください
だれを呼べばいいですか	だれをお呼びしましょうか だれをお呼びいたしましょうか
今、席にいません	ただ今、席をはずしております
どうでしょうか	いかがでしょうか
私ではわからない	わたくしではわかりかねます
こちらで何か聞いておきますか	こちらで何か承っておきましょうか こちらで何か伺っておきましょうか
言っておきます	申し伝えておきます
こちらから行きます	こちらから伺います こちらから参ります
ちょっと電話の声が聞こえないのですが	少々お電話が遠いようですが
また電話してもらえないか	後ほどお電話をいただけませんでしょうか

5日目 きょうの一問一答 ①

敬語の知識

Q1 「尊敬語」と「謙譲語」の違いは？

A1
- 「尊敬語」は相手の動作や状態を表すときに使う。社外の人に対して自分や身内、社内の人のことを話す場合は使わない
- 「謙譲語」は自分や関係者（身内、社内の人）がへりくだって、間接的に相手を高めるときに使う

Q2 「ある」を丁寧な言い方と、改まった言い方にすると？

A2 丁寧な言い方「あります」
改まった言い方「ございます」

Q3 「する」を丁寧な言い方と、改まった言い方にすると？

A3 丁寧な言い方「します」
改まった言い方「いたします」

Q4 「そうだ」を丁寧な言い方と、改まった言い方にすると？

A4 丁寧な言い方「そうです」
改まった言い方「さようでございます」

Q5 美化語で「お」や「ご」をつけてはいけないものは？

A5 自然現象と動物、外来語
NG お風がお強い
　　おコーヒー

Q6 「行く」の尊敬語と謙譲語は？

A6 尊敬語「いらっしゃる」
謙譲語「参ります、伺います」

Q7 「聞く」の尊敬語と謙譲語は？

A7 尊敬語「お聞きになりましたか」
謙譲語「伺います、拝聴します」

Q8 「見る」の尊敬語と謙譲語は？

A8 尊敬語「ご覧になる、お目通しになる」
謙譲語「拝見する、見せていただく」

Q9 「食べる」の尊敬語と謙譲語は？

A9 尊敬語「召し上がる」
謙譲語「いただく」

Q10 「言う」の尊敬語と謙譲語は？

A10 尊敬語「おっしゃる、言われる」
謙譲語「申す、申し上げる」

Q11	「する（行う）」の尊敬語と謙譲語は？	**A11**	尊敬語「なさる、される」 謙譲語「いたす、させていただく」
Q12	「いる」の尊敬語と謙譲語は？	**A12**	尊敬語「いらっしゃる、おいでになる」 謙譲語「おる」
Q13	「来る」の尊敬語4種類は？	**A13**	「おいでになる」 「来られる」 「お越しになる」 「いらっしゃる」
Q14	「行く」の謙譲語2種類は？	**A14**	「参る」 「伺う」
Q15	「訪ねる」の尊敬語と謙譲語は？	**A15**	尊敬語「お訪ねになる、訪問される」 謙譲語「伺う、おじゃまする」
Q16	「借りる」の尊敬語と謙譲語は？	**A16**	尊敬語「お借りになる、借りられる」 謙譲語「お借りする、拝借する」
Q17	「社長が本をお読みになっていらっしゃる」の二重敬語を正しい敬語で言うと？	**A17**	「社長が本を読んでいらっしゃる」 「社長が本をお読みになっている」
Q18	「私が部長に書類をお届けして参ります」の二重謙譲語を正しい敬語で言うと？	**A18**	「私が部長に書類を届けて参ります」 「私が部長に書類をお届けしてきます」

接遇用語

5日目 きょうの一問一答 ①

Q1 「だれですか」を接遇用語に直すと？
A1 「どちら（どなた）さまでいらっしゃいますか」

Q2 「勤務先はどこですか」を接遇用語に直すと？
A2 「どちらにお勤めでいらっしゃいますか」

Q3 「そのとおりです」を接遇用語に直すと？
A3 「ごもっともでございます」

Q4 「今、見てきます」を接遇用語に直すと？
A4 「ただ今見て参ります」

Q5 「こちらで何か聞いていましたか」を接遇用語に直すと？
A5 「こちらで何か承って（伺って）おりましたでしょうか」

Q6 「何のことですか」を接遇用語に直すと？
A6 「どのようなことでしょうか」

Q7 「残念だが」を接遇用語に直すと？
A7 「あいにくですが」

Q8 「わかりました」を接遇用語に直すと？
A8 「かしこまりました」
「承知いたしました」

Q9 「どうでしょうか」を接遇用語に直すと？
A9 「いかがでしょうか」

Q10 「言っておきます」を接遇用語に直すと？
A10 「申し伝えておきます」

Q11 「こちらから行きます」を接遇用語に直すと？
A11 「こちらから伺います」
「こちらから参ります」

Q12 「ちょっと電話の声が聞こえないのですが」を接遇用語に直すと？
A12 「少々お電話が遠いようですが」

Q13 「今、席にいません」を接遇用語に直すと？
A13 「ただ今、席をはずしております」

Q14 「何とかしてください」を接遇用語に直すと？
A14 「ご配慮願えませんでしょうか」

きょうの力試し問題 ①

敬語の知識／接遇用語

1 〈2·3級〉

次の中から、社内における敬語の使い方として適当と思われるものを選びなさい。

① 社長は出かけられたそうです。
② 社長はお出かけされたそうです。
③ 社長はお出かけなされたそうです。
④ 社長はお出かけにおなりになさったそうです。
⑤ 社長は出かけたそうです。

2 〈2·3級〉

次の言葉の下線部分を、来客に対する言葉遣いに直して（　）内に答えなさい。

① 説明書を<u>見たか</u>
　（　　　　　　）
② お連れの方はこちらに<u>いる</u>
　（　　　　　　）
③ あなたの<u>言うとおりだ</u>
　（　　　　　　）

3 〈2·3級〉

次の中から、敬語の使い方として適当と思われるものを選びなさい。

① お客さまに
「部長はすぐにいらっしゃいます」
② お客さまに
「お名前を申してくださいませ」
③ 他部署の部長に
「鈴木（上司の課長）は外出しています」
④ 上司に
「先ほど山田部長がおいでになられました」
⑤ 上司に
「昼食はもう召し上がりましたか」

4 〈2級〉

次の言葉のa、bの下線部分を、上司に言う丁寧な言葉に直して（　）内に答えなさい。

①「<u>そんな</u>　お話を取引先からも　<u>聞いた</u>」
　　　a　　　　　　　　　　　　　b
　a（　　　　　）　b（　　　　　）

②「<u>この</u>　書類を　<u>見ていただけますか</u>」
　　a　　　　　　b
　a（　　　　　）　b（　　　　　）

5 〈2級〉　ひっかけ問題

次は、秘書A子の上司に対する言葉遣いである。中から適当と思われるものを選びなさい。

① 新しくできた支店にいらっしゃられたそうでございますね。
② 役員会ご苦労さまでした。お茶を入れて参りましょうか。
③ ゴルフコンペで優勝されたそうですね。おめでとうございます。
④ 会社をお出になられたあと、すぐにお客様が見えました。
⑤ これからお約束の方がお越しになられるそうです。

解答 & 解説 ①

1
- ❶ ⭕ 社長のことを社内の人に話すのだから、尊敬語になる「れる・られる」をつけて「出かけられる」か、「お〜になる」で「お出かけになる」のどちらかが適切となる。
- ❷ ❌ 「お〜になる」ではなく、「お〜される」なので不適切。
- ❸ ❌ 「お〜になる」ではなく、「お〜なさる」なので不適切。
- ❹ ❌ 「お〜になる」だけでなく、さらに「お〜なさる」を重ねているので不適切。
- ❺ ❌ この言い方では丁寧さに欠け、尊敬語になっていない。

解答 ❶

2
お客さまに対する言葉遣いなので尊敬語になります。

- ❶ ご覧になりましたか(お目通しになりましたか)
- ❷ いらっしゃる(いらっしゃいます)
- ❸ おっしゃるとおりです(おっしゃるとおりでございます)

3
- ❶ ❌ 「いらっしゃいます(尊敬語)→ ⭕参ります(謙譲語)」が適切。
- ❷ ❌ 「申して(謙譲語)→ ⭕おっしゃって(尊敬語)」が適切。
- ❸ ❌ お客様に対しては呼び捨てでよいが、社内の人には「鈴木さんは」もしくは「課長は」「鈴木課長は」とし、「外出され(尊敬語)ています」が適切。
- ❹ ❌ 「お〜なる」と「れる・られる」の二重敬語になっている。「おいでになりました」「来られました」が適切。
- ❺ ⭕ 「食べる」→ 尊敬語で「召し上がる」で適切。

解答 ❺

4
- ❶ a:丁寧語にする。
  b:自分のことを言っているので謙譲語にする。
- ❷ a:丁寧語にする。
  b:相手に対して言っているので尊敬語にする。

- ❶ a:そのような
  b:伺いました(承りました／お聞きしました／拝聴しました)
- ❷ a:こちらの
  b:ご覧(ご覧になって)

5
- ❶ ❌ 「いらっしゃる」+「れる・られる」の二重敬語にひっかからないようにする。「いらっしゃったそうですね」が適切。
- ❷ ❌ 「ご苦労さま」は目下の者を労うときの言葉。ここがひっかけ。「お疲れさまでした」が適切。
- ❸ ⭕ 「された」=「れる・られる」の尊敬語になっている。
- ❹ ❌ 「お出になる」+「れる・られる」の二重敬語にひっかからないようにする。「お出になった」「出られた」が適切。
- ❺ ❌ 「お越しになる」+「れる・られる」の二重敬語にひっかからないようにする。「お越しになるそうです」「来られるそうです」が適切。

解答 ❸

きょうの力試し問題 ②

敬語の知識／接遇用語

1 [2·3級]

次は、加藤部長の来客に対する秘書A子の言葉遣いである。中から不適当なものを選びなさい。

❶「紹介状をお預かりいたします」
❷「こちらの書類にご記入願えませんか」
❸「こちらから伺いたいと加藤が申しておりました」
❹「いすにかけてお待ちください」
❺「コートはこちらでお預かりいたしましょうか」

2 [2·3級]

次の言葉を接遇用語に直しなさい。

❶ 失礼だが勤め先はどこか。
（　　　　　　　　　）
❷ 電話の声が小さいようだが。
（　　　　　　　　　）

3 [2級]

秘書A子の上司（鈴木部長）は急用ができ、予定していた取引先B氏との面談ができなくなった。次はA子が、上司からの指示でB氏に電話をし、言ったことである。中から言葉遣いが不適当なものを選びなさい。

❶「じつは鈴木に急用ができまして、お目にかかることができなくなりました。大変申し訳ございません」
❷「鈴木は改めてお目にかかりたいとおっしゃっていますが、いかがでしょうか」
❸「それでは恐れ入りますが、ご都合のよろしい日時をいくつかお聞かせいただけませんでしょうか」
❹「鈴木に確認いたしまして、後ほどお電話を差し上げます」
❺「ご迷惑をおかけいたしますが、どうぞよろしくお願いいたします」

4 [2級]

次の言葉の下線部分を、来客に言う丁寧な言葉に直し、（　）内に答えなさい。

❶「さっきまで　席にいたのだが
　　　a　　　　　　b
いかがいたしましょうか」
a（　　　　　）　b（　　　　　）

❷「あとで　連絡する」
　　a　　　　b
a（　　　　　）　b（　　　　　）

5 [2·3級] ひっかけ問題

次は秘書A子の、上司（部長）に対する言葉遣いである。中から適当なものを選びなさい。

❶ 家族からの伝言を伝えるとき
「ご家族の方がお電話をいただきたいとおっしゃっていました」
❷ だれに返却するかを尋ねるとき
「こちらの資料はどなたに返せばよろしいでしょうか」
❸ 昼食はいつ頃にするか尋ねるとき
「何時にお昼をお召し上がりになられますか」
❹ 専務が出社しているかどうか尋ねられたとき
「専務はすでにご出社なされております」
❺ 書類を持っていくかと尋ねるとき
「書類をご持参なさいますか」

解答 & 解説 ②

1
- ❶ ⭕ 紹介状を見るのは部長なので、秘書は「お預かりします」と言うのが望ましい。
- ❷ ⭕ 来客に「こちら」「ご記入」「願えませんか」と丁寧な言葉を使っている。
- ❸ ⭕ 自分の上司のことを社外の人に言うのだから、謙譲語の「伺い・申して」が適切。
- ❹ ❌ 「おかけになって」が適切。
- ❺ ⭕ 来客に対して「こちらでお預かり」「いたしましょう」と丁寧な言葉を使っている。

解答 **❹**

2
- ❶ 「どちら」「お勤め」「いらっしゃいますか」と区切って直すこと。
- ❷ 「お電話」「遠いよう」という言い方が適切。

- ❶ 「失礼ですが、どちらにお勤めでいらっしゃいますか。」
- ❷ 「お電話が遠いようですが。」

3
- ❶ ⭕ 面談ができなくなったことを「お目にかかることができなくなりました」という言い方は適切な言い方。
- ❷ ❌ 「おっしゃって」は尊敬語。取引先B氏に社内の者である上司のことを言うときは謙譲語が適切。「申しておりますが」が正しい。
- ❸ ⭕ 相手の都合を聞く聞き方として適切な言い方。
- ❹ ⭕ 確認してから連絡する言い方として適切な言い方。
- ❺ ⭕ しめくくりの挨拶として適切な言い方。

解答 **❷**

4
- ❶ 決まり文句なので必ず覚えること。bは「います」では不正解。
- ❷ 「のちほど」とひらがなでもよい。bは「します」では不正解。

- ❶ a：先ほどまで
  b：席におりましたが
- ❷ a：後ほど
  b：(ご)連絡いたします

5
- ❶ ⭕ 部長のご家族なので尊敬語を使う。ここがひっかけ。「おっしゃって」が尊敬語。
- ❷ ❌ 「返せば」を「お返しすれば」と丁寧に言うのが適切。
- ❸ ❌ 「お召し上がりになられ」(尊敬語の「召し上がる」を「お〜」とし、しかも「れる・られる」としている三重尊敬語)を「召し上がりますか」とするのが適切。
- ❹ ❌ 二重敬語の「ご出社なされて」を「ご出社になっております／出社されております／ご出社でございます」とするのが適切。
- ❺ ❌ 「ご持参(謙譲語)なさいますか」を「お持ちに(尊敬語)なりますか」とするのが適切。

解答 **❶**

5日目 マナー・接遇 その2 接遇の実際

受かる人は…… 上司不在時と紹介状持参の対応を押さえる

落ちる人は…… 予約なしの来客応対を押さえていないのはNG

来客応対　頻出度 ★★★

▶ **転任・就任・新年の挨拶〈予約なしの場合〉**
- 短時間なので、アポイントメント（予約）がなくても極力、上司と会えるようにする。
- 来客中でも上司にその旨を伝える。
- 上司不在ならば代理の者でよいか尋ねる。

▶ **寄付や広告依頼〈予約なしの場合〉**
- 担当部門があればそちらに回す。
- 上司がいるともいないとも言わないで待ってもらい、上司の指示どおり対応する。
- 度重なる寄付・広告依頼には、対処法を上司と事前に話し合っておく。

▶ **上司が約束の時間に遅れる場合**
- 30分以内の遅れ
  - ➡ 極力待ってもらうようにお願いする。
- 30分以上の遅れ
  1. まず、お詫びする。
  2. 相手の意向に添うように対応。
  3. 代理の者でもよければ、すぐ手配する。
- 上司が社内にいる場合
  1. 来客を応接室に通して待ってもらう。
  2. 会議中や来客中の上司にメモを入れる。

▶ **上司不在中の来客の場合**
1. 上司の不在を告げる。
2. 相手の意向を尋ねる。
   - ➡ 代理の者でもよければ、すぐ手配する。

- ➡ 再来訪であれば希望日を2、3聞いておき、上司とスケジュール調整後に連絡する。
- ➡ 伝言があれば預かり、上司に伝える。

▶ **上司多忙中の来客の場合**
  ① <u>用件</u>とおおよその<u>面談時間</u>を尋ねる。
  ② あらかじめ上司の多忙を伝え、上司が取り次ぐと判断したものは取り次ぐ。
   「あいにく〇〇はただ今立て込んでおりまして、都合を聞いて参ります」
  ③ 上司の指示どおりに対応する。
   待ってもらって会う場合 ➡ 応接室へ通し、お茶を出し雑誌をすすめる。
   会えない場合 ➡「上司不在中の来客の場合❷」と同様の対応。

▶ **紹介状持参の場合**
  ● 連絡が入っている場合は「お待ちいたしておりました」と言って、上司に取り次ぐ。<u>紹介状の中を見ずに</u>、そのまま上司に渡す。
  ● 連絡がない場合は、相手に待ってもらい<u>上司の意向</u>を尋ねる。
  ● 上司が不在の場合は丁寧に詫び、後日連絡するか、代理の者でもよいか意向を尋ねる。

▶ **紹介の仲立ちをする場合**
  ● 地位 ➡ 地位の低い人を上位の人に先に紹介する。
  ● 年齢 ➡ 年齢の若い人を年上の人に先に紹介する。
  ● 人数 ➡ 一人を大勢に紹介する場合は、その人を先に紹介してから、各人をその人に紹介する。
  ● その他 ➡ 地位、年齢が同じ場合は、自分と親しい人を先に紹介する。紹介してもらいたいと望む人を先に紹介する。

席次のマナー　　頻出度 ★

▶ **応接室の席次**　奥のソファーが上座(かみざ)。入口に近い手前のいすが下座(しもざ)と覚える。

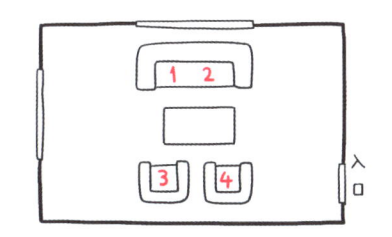

▶ **車の席次**　ドライバーがいる場合（乗用車やタクシー）と、お客様自身や取引先の人が運転する場合（オーナードライバー）で異なる。

● 乗用車やタクシー
● オーナードライバー

▶ **列車の席次**　進行方向や窓側、通路側により席次が決まる。

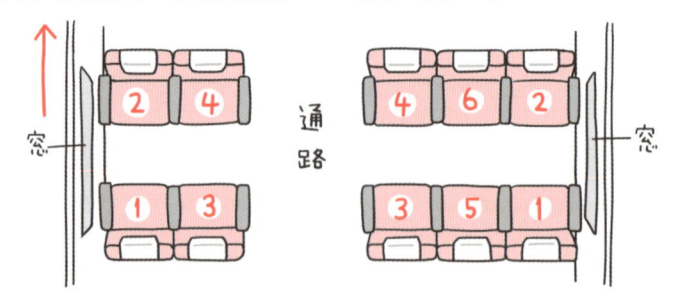

茶菓のマナー　頻出度 ★

▶ **入室**　ノックして入室し、「いらっしゃいませ」と会釈(えしゃく)する。
▶ **お茶を出す**
- 来客から先に、<u>席次順</u>（<u>上座</u>から）に配る。
- 全員（来客も社内の者も）<u>同じ器</u>で出す。
- 名刺交換や挨拶が落ちついてから出す。
- 「どうぞ」や「失礼いたします」などひと言添えて出す。

▶ **お菓子を出す**　来客から見て、<u>左</u>側に<u>お菓子</u>、<u>右</u>側に<u>お茶</u>を置く。お菓子を先に出してから、お茶を出す。

▶ **置くスペースがない場合**　書類が広げてあるときは、じゃまにならない場所に置くか、ひと声かけてから置く。

▶ **退室**　「失礼いたしました」と一礼してから退室する。

見送りのマナー　頻出度 ★

▶ **自席で見送る**　自分の席から立ち、「失礼いたします」と一礼。部屋を出るまで立って見送る。
▶ **応接室の外までの見送り**　挨拶を述べ、丁寧にお辞儀をしてしばらく後ろ姿を見送る。
▶ **エレベーターまでの見送り**　来客がエレベーターに乗る際に挨拶を述べ、ドアが閉まるまでお辞儀をする。
▶ **玄関・車までの見送り**　挨拶を述べ、車が動き出したらお辞儀をし、車が社内の敷地を出るまで見送る（上司が挨拶しているときは、秘書は<u>後方に下がって控えて</u>いる）。

きょうの一問一答 ②

接遇の実際

Q1 転任や就任、新年の挨拶に対して、秘書はどう対応するか？

A1 短時間ですむので、予約がなくても上司と会えるようにする
＊上司不在のときは、代理の者を立てる

Q2 寄付や広告の依頼には、どう対応するか？

A2
- 担当部門があればそちらに回す
- 上司の在否を言わずに待ってもらい、上司の意向どおりに対応する

Q3 上司が約束の時間に30分以上遅れる場合、どう対応するか？

A3
① まず丁寧にお詫びをする
② 相手の意向に添うように対応する
③ 代理人でよいとのことであれば、すぐ手配する
④ 会議中など社内にいる場合は、すぐメモを入れる

Q4 上司が約束の時間に遅れる場合、30分以内の遅れであればどう対応するか？

A4
① 極力待ってもらうようにお願いする
② 応接室へ通し、お茶を出し雑誌などをすすめる

Q5 紹介状を持参した来客へ、秘書としてどう対応するか？

A5
① 連絡が入っている場合は、上司に取り次ぐ。紹介状の中は見ずに渡す
② 連絡が入っていない場合は待ってもらい、上司に意向を尋ねる
③ 上司不在の場合は後日連絡するか、代理の者でよいか相手の意向を尋ねる

Q6 応接セットで、一番の上座はどこの場所か？

A6 ソファー
＊上座は
1 ソファーの一番奥の席
2 ソファーの手前の席
3 1人掛けいす奥
4 1人掛けいす手前
の順になる

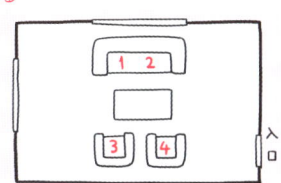

きょうの力試し問題 ③

接遇の実際

1 〈2・3級〉

次は、部長秘書A子の転任の挨拶にきた来客への対応の仕方を述べたものである。中から適当と思われるものを選びなさい。

❶ 部長は来客中だったが、メモを入れ転任の挨拶がスムーズにできるようにした。
❷ 部長が来客中だったので、手の空いている先輩に対応をお願いした。
❸ 部長が席をはずしていたので、新任地などを尋ねるなどして、部長が帰ってくるまで待った。
❹ 部長が席をはずしていたので、自分が代わりに挨拶をし、帰ってもらった。
❺ 部長が来客中だったので、代理の者でよいか尋ねた。

2 〈2・3級〉

次は秘書A子が、取引先の人を社内の者に紹介するときに行っていることである。中から不適当と思われるものを選びなさい。

❶ 取引先の人が複数いる場合は、先方の役職の高い人順に紹介している。
❷ 紹介を始めるときは、応接室に全員がそろってからにしている。
❸ 社内の者は「わたくしどもの鈴木です」と呼び捨てにしている。
❹「こちらがいつもお世話になっております〇〇会社の〇〇様です」と言い、紹介している。
❺ 取引先の人を先に社内の者に紹介している。

3 〈2級〉

次は、上司のところへ紹介状を持参した来客への対応である。中から不適当と思われるものを選びなさい。

❶ 上司が不在の場合は、丁寧にお詫びし、代理の者でもよいか尋ねている。
❷ 上司が不在の場合は、丁寧にお詫びし、後日こちらから連絡するようにしている。
❸ 紹介状を預かり、「失礼いたします」と言って中身を確認してから上司に手渡している。
❹ 来客予定の連絡がない場合は、相手に待ってもらい上司に意向を尋ねている。
❺ 来客について連絡が入っている場合は「お待ちいたしておりました」と言って、上司に取り次いでいる。

4 〈2級〉

次は、秘書A子が来客に行ったことである。中から不適当と思われるものを選びなさい。

❶ コーヒーが好きだと聞いている来客には、来客にも上司にもコーヒーを出す。
❷ 予約時間より早く来た来客には、「少々お待ちくださいませ」と言い、上司に指示を仰ぐ。
❸ 紹介状を持参した来客が不意に来社したので、上司の都合を確認すると言い、待ってもらう。
❹ 上司の友人だとしか言わない来客は、念のため名前を尋ね、上司の都合を確認する。
❺ 新人秘書 木下望が配属されたので「私の下に配属されました木下です」と来客に紹介した。

5 〈2級〉 ひっかけ問題

次は秘書A子と部長、課長、主任との4名でタクシーに乗ったときの座り方である。a〜dのどの位置に座るのが適切か答えなさい。

a (　　　)
b (　　　)
c (　　　)
d (　　　)

解答 & 解説 ③

1
- ❶ ◯ 転任に限らず、就任、新年の挨拶などは短時間ですむので、極力会えるようにするのが秘書の仕事である。よって、メモを入れ上司に知らせるのが適切である。
- ❷ ✕ 部長が来客中であり、たとえ代理の者でもよいと言われたとしてもだれでもよいわけではない。適任者としては、先輩よりも部長の部下の課長などの役職の人になる。
- ❸ ✕ 相手は転任の挨拶で忙しいなか、回っているのである。待たせるのであれば、代理の者など別の対応を考える必要がある。
- ❹ ✕ 秘書が対応するのは「上司に成り代わった対応」にあたり、ふさわしくない。
- ❺ ✕ 代理の者でよいかどうか尋ねるのは、上司が不在のときである。来客中ならば❶のようにメモを入れるのが適切である。

解答：❶

2
- ❶ ◯ まず社内の者から紹介し、その後相手の役職の高い人から紹介していく。
- ❷ ◯ 一般的には全員そろってから行う。
- ❸ ◯ 社外の人と話すときは、たとえ社長であっても、社内の者のことは呼び捨てで話す。
- ❹ ◯ 「いつもお世話になっております」のひと言を添えること。
- ❺ ✕ 社内の者を取引先の人に、先に紹介するのが正しいやり方である。

解答：❺

3
- ❶ ◯ このとおりで、こちらから連絡するか、代理の者で対応するしかない。
- ❷ ◯ 紹介状を持参していても予約なしに来訪することがあるので、丁寧にお詫びし、後日連絡をする。
- ❸ ✕ 紹介状は封をしていないのが一般的だが、中身を見てはいけない。封書のまま渡すこと。
- ❹ ◯ 連絡がない場合は、たとえ紹介状持参であっても上司に確認を取る必要がある。
- ❺ ◯ 連絡が入っているのだから、このようにスムーズに取り次ぐようにする。

解答：❸

4
- ❶ ◯ 来客と上司に同じ飲み物を同じ器で出すのであれば、コーヒーでもよい。
- ❷ ◯ 早く来たからといって、すぐ上司に取り次いではいけない。
- ❸ ◯ 不意に来たのであれば、設問どおりの対応が適切。
- ❹ ◯ 友人であれば名前を確認し、上司の指示を仰ぐ。
- ❺ ✕ 紹介するのはよいが、外部の人に紹介するときは、「私と一緒に仕事をすることになりました」が適切。「私の同僚の、後輩の」の言い方も不適切。

解答：❺

5
タクシーの場合、料金を支払うのは秘書の役割なので、aにA子が座る。ここがひっかけ。後ろの座席は一番奥（ドライバーの後ろで安全な席）が上座となり、次がドア側で、下座が真ん中の席になる。

- a：秘書A子
- b：課長
- c：主任
- d：部長

COLUMN my 失敗談 ⑤

「"私が秘書だったら……" と考えるのが正解だと思っていました」

　社会人生活も5年目に入った大西さんは、大手メーカーの総務部に所属しています。会社は事業部ごとに総務部があるのではなく、すべての事業部の総務関連の仕事を大西さんの部署が一手に引き受けています。このような事情もあり、彼女は各事業部長の秘書業務も兼務していました。兼務とはいえ、気配りが行き届いている仕事ぶりが認められ、翌年から専務秘書になることが決まりました。そこで大西さんは秘書検定を受験し、正確な知識と資格のもと秘書業務に努めたいと考えました。

　さっそく、参考書の順番どおりに「必要とされる資質」から勉強を始めました。ところがです。参考書の内容がまったく腑に落ちないのです。「私が秘書になったら、こんな考え方、やり方はしないのに」と思うことばかりです。仕方がないので今度は問題を解いてみようとしましたが、まったくダメでした。「絶対にこれは間違いだ」と思うことが正解だったり、「正解はこれしか考えられない」と思うことが誤りだったりと、勉強すればするほど混乱していきました。

　そこで、秘書の友人に相談すると「"私だったら"という視点ではダメ。あくまでも一般的な秘書として何がふさわしいかの視点が必要」と言われました。納得のいかない大西さんは、実際の自分の行いが正しいと信じ、勉強を続けました。「一般知識」「マナー・接遇」「技能」はなんとか合格ラインにまで達しますが、「必要とされる資質」と「職務知識」はいくら勉強しても半分しか正解になりません。

　それでも、本番ではなんとかなるだろうと思っていましたが、まさかの不合格！専務秘書になることが決まっているがゆえに、かなり落ち込みました。そこで思い切って秘書検定1級を取得している先輩秘書に相談しました。その先輩秘書は「秘書検定に限らず、資格試験というものは持論にこだわっていると合格しないもの」と、以前に相談した友人と同じ言葉が返ってきてびっくりしました。今、大西さんは専務秘書をしながら再チャレンジに向け勉強中です。

　そこには"私が秘書だったら……"という持論にこだわらない、一皮むけた大西さんの姿がありました。

6日目

職務知識

35問中、「職務知識」から **5問** 出題

🎖 合格への近道

一問一答から始める。
問題をくり返し解く！

6日目 | 職務知識
定型業務と非定型業務

> **受かる人は……**
> 不意の来客に対する確認事項が理解できている
>
> **落ちる人は……**
> さまざまなケースの対応方法をわかっていないのはNG

定型業務（決まった業務） 頻出度 ★

▶ **日常業務** 日程管理、文書事務、来客応対、電話応対、情報収集・管理、会議・会合事務、出張関連業務、経理事務など。

▶ **上司の身のまわりの世話**
- 車の手配……いつでも配車できるよう、秘書は運転手と連絡を密にする。
- 私的交際の世話……私的なこと（同窓会、社外の会合など）も補佐するが、必要以上に立ち入らない。
- 健康管理……かかりつけの病院・連絡先、健康保険証の番号を控えておき、応急手当ての知識を持ち、救急薬品を常備する。

▶ **Eメールの活用**
- Eメールでのやりとりが向いているもの
  - 社内での会議、社外での会合などの案内と出欠確認。
  - 添付したい書類などがある場合。
  - 多数の人に同時に送りたいものがある場合。
- Eメールでのやりとりが向いていないもの
  - ✕ 面識のない人への連絡・面会予約など。
  - ✕ 前日・当日のスケジュール変更のやりとりなど。
  - ✕ 取引先へのお礼やお詫びなど。

> 正式には対面、次に手紙かはがき、（遠方であれば）電話の順が望ましいですよ。

▶ **上司の指示がなくても行う業務**
- 贈答などに対する返礼（礼状を出す）。
- 転勤、異動などによる名簿や名刺の変更、訂正。
- 住所録の変更や訂正。
- 上司が必要としている事柄の情報収集。

- ▶ **退社のタイミング**
  - ● 上司が退社しない、特に指示もない場合
    - ➡「ご用はございませんでしょうか」「お手伝いすることはないでしょうか」「ないようでしたらお先に失礼いたします」と言い、退社する。
  - ● 上司が外出中、秘書は先に退社し、あとから上司が戻ってくる場合
    - ➡ 留守中の連絡事項と、念のため明日の朝のスケジュールをメモで残す。メモには「お疲れさまでした。お先に失礼いたします。○時○分」などと添える。不在中の上司へEメールで退社の挨拶を送るのは不適切。
- ▶ **新人・後輩秘書の育成**
  - ● 秘書としての職務限界や責任について指導する。
  - ● 上司と新人秘書、後輩秘書との関係を後押しする。

非定型業務（突発的な業務） 頻出度 ★★★

- ▶ **予定外の来客への対応**

予定外でも感じのよい対応

＊笑顔、丁寧、平等、公平を忘れずに

「いったん保留→その後確認」がポイントです！

緊急度の把握 上司に取り次ぐかどうかの判断

＊名乗らない、用件を言わない相手／上司が迷惑がるであろう依頼など

相手には保留対応

「ただ今確認をいたします」
「恐れ入りますが、しばらくお待ちくださいませ」
＊上司がいるともいないとも明言しない

上司や上司の代理人に確認してから、来客への返事

- ▶ **上司の急な出張** スケジュール変更の調整をして、不在中の業務代理人を確認する。
- ▶ **上司の急病** 自宅、社内関係者へ連絡 ➡ 主治医に連絡 ➡ 応急手当て ➡ スケジュール調整
  - ＊主治医の電話番号、健康保険証の番号を控えておく。
  - ＊持病の知識、常時服用している薬の知識を持つ。
- ▶ **人事異動で上司が代わる** 一般的な事務の引き継ぎを行い、新しい上司の情報（人柄、仕事の仕方など）を収集、新任上司の意向に添う補佐業務に努める。
- ▶ **マスコミへの対応** 取材依頼の内容を確認する。連絡先、希望日時、取材趣旨、掲載号、写真の有無、紹介者などの確認を怠らない。その後、上司の許可を得て、正式に返事をする。
- ▶ **事故や災害発生** 来客、社外の方を優先的に避難させ、関係者への連絡（災害時は重要品持ち出し）、上司のスケジュール調整・対応の順に行動する。

6日目 職務知識 組織の中の秘書

受かる人は……
秘書が**代行してはいけないこと**は必ず**覚える**

落ちる人は……
何が越権行為にあたるかがわかっていないのはNG

秘書と上司の関係　頻出度 ★★★

▶ **秘書としての基本姿勢**　必ず上司の指示や許可を得てから行う。「上司はきっとこうするだろう」という思い込みで先走らない。

▶ **代行できない業務（越権行為、独断行為にあたる業務）**
- **NG** 上司の留守中、上司に成り代わった決裁業務。
- **NG** 稟議書に押印する（預かるだけであればよい）。
- **NG** 経営管理や経営業務に対し、詳細を教えてほしいと言う。
- **NG** 上司に成り代わった来客応対・面会予約（仮予約や代理人へ取り次ぐならよい）。
- **NG** 上司の許可のない日程変更や決定（仮予約や保留ならよい）。
- **NG** 上司が作成した書類を許可なく訂正する。
- **NG** 上司の留守中に上司の部下に指示を出す。
- **NG** 離席の多い上司に、必ず行き先を自分に伝えてほしいと言う。
- **NG** 取引先への贈答を秘書の名前で行う。

▶ **上司への進言**　上司への忠告、意見、ミスの指摘などは原則的には行わない。
例外：
- 健康を気遣うこと。定期健康診断を受診できるように日程を調整するなど。
- 食事を気遣うこと。上司が多忙でも、食事の時間に配慮する。
- 人物評価には注意して返答する。
  事実とよい点だけを述べる。「私の知る限りでは」という言い方にする。

▶ **上司のプライバシー保持**
上司を補佐するうえで、次のようなことは知っておいたほうがよい。
- 社外で所属している団体など。
- 社外の人脈（主な知人・友人）。
- 住所、利用駅、家族構成など。
- 性格、趣味、食事の好み、健康状態など。

6日目 きょうの一問一答 ①

定型業務と非定型業務／組織の中の秘書

Q1 秘書の機能とは？
A1 上司が経営業務に専念できるよう、あらゆる補佐業務を行うこと

Q2 秘書の役割とは？
A2 上司を補佐するさまざまな仕事を通じて、上司の期待に応えること

Q3 秘書としての基本姿勢を2つあげなさい。
A3 ① 必ず上司の指示や許可を得て仕事を行う
② 「上司はこうするはず」という思い込みで先走らない

Q4 秘書は決済業務を行えるか？
A4 行えない
決裁にかかわることは上司の仕事

Q5 秘書は稟議書に押印できるか？
A5 できない
預かるだけならよい。押印は上司の仕事

Q6 秘書は上司に成り代わって来客対応ができるか？
A6 できない
伝言などを預かることはできる。もしくは代理の者へ取り次ぐのはよい

Q7 秘書は上司の日程変更や日程決定を、ある程度任されているか？
A7 仮予約、保留なら任されている
基本的に上司の許可を得てからの日程変更を決定する

Q8 秘書は上司が作成した書類を訂正することができるか？
A8 できない
上司の許可を得てから訂正する

Q9 上司の明らかなミスに対して秘書はどうするか？
A9 指摘せずに確認するかたちを取る
OK「私の聞き違いかもしれないので、確認させていただけますか」

Q10 上司からある人物の評価を聞かれたときの言い方は？
A10 「私の知る限りでは……」という言い方をする。よい点だけを述べる

きょうの力試し問題 ①

定型業務と非定型業務／組織の中の秘書

1 ⟨2・3級⟩

次は秘書A子が、上司とのよりよい関係を築くために、上司について知っておかなければならないことである。中から不適当と思われるものを選びなさい。

① 家族構成
② 社外からの収入とその相手先
③ 住所、利用駅などの生活環境
④ 趣味、嗜好品
⑤ 資格などを含む略歴

2 ⟨2・3級⟩

次は秘書A子が、日常的に行っていることである。中から不適当と思われるものを選びなさい。

① 御中元、御歳暮に対する礼状は上司のチェックを受けてから出している。
② 社内文書や社外文書は目的に応じて作成できるようにしている。
③ 上司が外出する際にすぐ配車ができるよう、運転手との連絡を密にしている。
④ 上司の日程管理はあまりきつくならないよう、体調や意向を考えて組んでいる。
⑤ 上司の出張に関しては、旅費精算などの経理事務まで行っている。

3 ⟨2級⟩

秘書A子の上司(部長)は黙って席を立つことが多い。たいがい社内にいるが急用で捜すときは大変で、A子としては何とかしたいと思っている。中から不適当と思われるものを選びなさい。

① 上司に「行き先はいろいろあると思うが、行った先で時間がかかるときは電話を入れてほしい」と頼む。
② 上司を訪ねてきた部下には「席をはずしていることが多いので、あらかじめ在席を確認してから来てもらえないか」と伝えておく。
③ 上司に「部長が席をはずしているときに部下が来たら、どんな理由を言えばよいのか」と尋ねる。
④ 上司に「行き先を知っておいたほうが、より早い対応ができるので、行き先を知らせてもらえないか」と頼む。
⑤ 上司が席を立つときの様子に気をつけ「何時頃戻るか」と尋ねるようにする。

4 ⟨2級⟩

秘書A子の上司(部長)は午後2時半終了予定の会議に出席している。現在3時だが何の連絡もない。そこへ課長が3時に来るように言われたと言ってきた。さらに3時半の予約客が早く着いたと言ってきた。このような場合、A子はどのように対応するのがよいか、中から適当と思われるものを選びなさい。

① 課長と来客にそのまま待ってもらい、会議中の上司にメモを入れて、現状を伝え指示を仰ぐ。
② 来客に約束の時間まで応接室で待ってもらい、課長を上司の部屋へ通し、上司が来るまで待ってもらう。
③ 来客に約束の時間まで応接室で待ってもらい、課長に3時半まで来客と話していてもらえないかと頼む。
④ 来客に約束の時間まで応接室で待ってもらい、課長には来客が帰ったら連絡するのでまた来てほしいと言う。
⑤ 課長に来客を先にしてもらいたいと頼み、来客を上司の部屋へ通し、上司が来るまで待ってもらう。

解答 & 解説 ①

1
- ❶ ⭕ あくまで大まかであって、年齢など詳しく知る必要はない。
- ❷ ❌ 社外からの収入があったとしても、上司のプライバシーに踏み込むことになるので、不適切である。
- ❸ ⭕ 秘書として当然知っておく必要がある。
- ❹ ⭕ 秘書として当然知っておく必要がある。
- ❺ ⭕ 秘書として当然知っておく必要がある。

所属団体、人脈、性格、趣味、健康状態なども知っておくこと。

解答 ❷

2
- ❶ ❌ 礼状は上司の指示がなくても行う仕事の一つなので、チェックを受ける必要はない。
- ❷ ⭕ 秘書は各種ビジネス文書の作成が求められている。
- ❸ ⭕ 連絡を密にして、上司がスケジュールどおり行動できるよう配慮する。
- ❹ ⭕ 上司の体調や意向を考えたうえでの日程管理が望ましい。
- ❺ ⭕ 出張の準備から設問のように出張後の精算事務まで、すべてが秘書の仕事になる。

解答 ❶

3
- ❶ ⭕ 「必ず行き先を教えてほしい」という言い方は、上司に意見することになる。設問のような言い方であれば、よりよい補佐業務につながる。
- ❷ ⭕ 部下への対応であれば、設問のような言い方になる。
- ❸ ❌ 秘書として、どのようにうまく上司に頼むか、尋ねるかという「頼み方、尋ね方」が問われている。上司は用事があって離席しているのだから、それにうまく対応するのが秘書の役割である。いない理由を尋ねても仕方がない。
- ❹ ⭕ 「より早い対応」はよりよい補佐業務につながるので、設問のような頼み方もある。
- ❺ ⭕ 設問のように、秘書側が常に上司の行動に気配り・目配りし、戻る時間だけでも確認しておく必要がある。

解答 ❸

4
- ❶ ⭕ どの予定を優先するかは、上司の指示を仰ぐしかない。秘書が勝手に判断しないこと。会議中の上司への取り次ぎは必ず「メモ」を使う。
- ❷ ❌ 予約の時間まで応接室で待ってもらうのはよいが、課長を勝手に上司の部屋へ通してはいけない。
- ❸ ❌ 設問のようなことを、秘書の勝手な判断で課長にお願いするのは不適切である。
- ❹ ❌ 秘書の勝手な判断で課長を帰してしまうのは不適切である。
- ❺ ❌ 来客を勝手に上司の部屋に通してはいけない。

解答 ❶

きょうの力試し問題 ②

定型業務と非定型業務／組織の中の秘書

1 〈2級〉

次は、秘書A子が最近行ったことである。中から**不適当**と思われるものを選びなさい。

① 上司から他部署の課長のことを尋ねられたので、知っている、よい仕事ぶりを話した。
② 新聞などの情報収集は上司の関心事、役に立ちそうなものを選ぶようにした。
③ 取引先の社長が入院したと他部署の人が話していたので、病名などを聞いて上司に報告した。
④ 上司の外出中に取引先の人が書類を持ってきたので、開封せずに預かった。
⑤ 上司が外出先で面談の約束をしてきたので、日程管理上、困るので先に知らせてほしいと言った。

2 〈2級〉

部長秘書A子に専務秘書B子から電話が入った。明日の取引先常務の告別式に専務の代理で参列してほしいとのこと。上司は出張中で明日は出社の予定である。次は、そのときのA子の対応である。中から**不適当**と思われるものを選びなさい。

① B子に、代理は上司でなければだめなのかを尋ねた。
② B子に、告別式の場所と時間、会社としての対応、香典のことなどを尋ねた。
③ 出張先に電話したら上司は外出中だったので、戻ったら電話してもらいたいと伝言した。
④ 上司が参列する時間には課長との打ち合わせの予定だったので、課長に事情を話しておいた。
⑤ 上司(部長)と連絡が取れないことや今後のやりとりについて、B子に連絡を入れた。

3 〈2級〉 ひっかけ問題

秘書A子の上司宛てに業界団体の事務局から電話があった。定期総会の出欠の返事がまだで、今日中にほしいと言われた。上司は出張中だが、その総会に上司は毎回出席しており、今回のその日には何も予定が入っていない。明日は通常どおり出社する。このような場合の対処について、次の中から**不適当**と思われるものを選びなさい。

① 事務局には一応出席と答え、出張先の上司と連絡を取るときに報告をし、対応を確認する。
② 出張先の上司に連絡を取って出席するかどうか確認をして、事務局に連絡する。
③ 事務局に、上司は出張中で今日中の返事はむずかしいので明日の朝まで待ってほしいと頼む。
④ 事務局に、上司は出張中なので一応出席にしておいてもらいたい、明日確認し改めて連絡する、と言う。
⑤ 今日中であれば、上司に事務局に直接返事をしてもらうので、少し待ってもらう。

4 〈2級〉 ひっかけ問題

秘書A子の上司が外出中に、上司が月1回の連載をしている雑誌社から電話があった。読者から好評なので継続してほしいとのこと。上司は以前「月1回とはいえ大変だ」と言っていた。このような場合、A子は雑誌社にどのように対応するのがよいか、中から適当と思われるものを選びなさい。

① 執筆を継続する場合の詳しい内容を聞き、「後ほど返事をさせてもらう、ということではどうか」と言う。
② 読者から好評であれば「なるべく引き受ける方向で検討する」「担当者から直接、上司に電話してみたらどうか」と言う。
③ 一応引き受けておき、万一、上司が断る場合はこちらから連絡すると言う。
④ 「上司は月1回とはいえ大変だと言っていた」と伝え、おそらく無理だが確認してみると言う。
⑤ 継続であれば「改めて上司に直接お願いしてみたらどうか」と言う。

解答 & 解説 ②

1
- ❶ ○ よい面だけを伝えるのが秘書として適切である。
- ❷ ○ 上司のための情報収集は秘書の仕事である。
- ❸ ○ わかる範囲で聞き、上司に伝えるのも秘書の仕事である。
- ❹ ○ 取引先（社外）から預かったものは、基本的に開封せずに上司に渡す。
- ❺ ✕ 上司が約束してきたのなら、それに沿って日程調整や管理をするのが秘書の仕事である。これでは秘書の機能をわきまえていないことになる。

解答 ❺

2
- ❶ ✕ 代理で参加するかどうかは上司が決めること。専務との関係もあるので、秘書は口出ししない。
- ❷ ○ 部長がすぐ参列できるようにしておくのが秘書の仕事である。
- ❸ ○ 秘書としてすぐ対応できることをする。
- ❹ ○ 秘書としてすぐ対応できることをする。
- ❺ ○ 設問のように、B子と連絡を密に取り合うことが大切である。

解答 ❶

3
- ❶ ○ 一見、秘書の勝手な判断と見られるが、❺に比べれば適切。秘書としては、その日の予定が入っていなければ出席の意向で動く。
- ❷ ○ 設問の対応がもっとも望ましい。
- ❸ ○ 上司と連絡が取れない場合を考え、設問のようにすることもある。
- ❹ ○ 出席の意向で動きつつも、明日、正式返事という適切な対応である。
- ❺ ✕ 「上司に直接返事をしてもらう」。ここがひっかけ。設問のようにするのであれば、秘書は必要ない。

解答 ❺

4
- ❶ ○ 継続するかどうかは上司が決めることであって、秘書が返答するものではない。ここがひっかけ。上司が決定するのに必要な条件を聞いておき、戻りしだい、上司に確認後、返事をするのが適切である。
- ❷ ✕ 設問のようなあいまいな言い方であっても、勝手に返答してはいけない。また、担当者に上司への電話を促すのは行きすぎた行為である。
- ❸ ✕ 一応でも勝手に引き受けてはいけない。独断専行にあたる。
- ❹ ✕ 上司の個人的な発言について人に言う必要はなく、無理かどうかは上司が判断すること。
- ❺ ✕ 上司が直接やりとりをしなくてもいいように、秘書がいるのである。

解答 ❶

秘書の心得

6日目 職務知識

受かる人は……
相手に**伝えてよいこと**と、**伝えてはいけないこと**の**区別**がついている

落ちる人は……
事実を正直に伝えたほうがよいと考えるのはNG

職務上の心得　　　　　　　　　　　　　頻出度 ★★★

▶ **上司不在時に上司判断が必要な場合**　通常は上司のすぐ下の役職者か秘書課長に相談し指示を受ける。
　NG　上司がいないと判断できないからと、秘書が勝手に断る。

▶ **上司の空き時間の問合せがあった場合**　面会申し込みなどで上司の空き時間を尋ねられても、「上司に確認してから」という返答をする。
　NG　上司の親しい人やよく知っている取引先の人だから、と秘書の判断で教えてしまう。

▶ **上司から取り次がないよう指示が出ている場合**　本当の理由を正直に言わないこと。「ただ今、スケジュールが込み合っておりまして」などの理由を告げる。
　NG　「緊急事態が発生した」→ 企業イメージが悪くなる。
　NG　「取り次がないように言われている」→ 上司のイメージが悪くなる。
　NG　「取り次げない」→ 秘書としての心得に欠ける。

▶ **上司から「今すぐ」という指示があった場合**　「今すぐ（連絡を取ってほしい）」との指示には、秘書として「すぐ」に応じる。相手がすぐに応じられない場合（会議中、外出中など）は、もっとも早く上司と連絡がつく方法を考えて対応する。
　NG　「課長は会議中で、今すぐは無理とのことです」「担当の〇〇さんは外出中だそうです」
　→ 伝言は可能か、連絡が取れるのは何時かなど、次の対応を考えて行うのが秘書の仕事である。

▶ **上司不在中に来客、電話があった場合**　基本的に来客も電話もセールス以外はすべて報告する。「ほかの部署に用事があったので立ち寄った」「近くまで来たので立ち寄った」などの来客があったことや、「急ぐ用件ではないが」「いるのなら立ち寄りたいと思い」といった電話についても報告が必要。
　NG　仕事に直接関係ないと思って、また相手から「電話があったことを伝えてほしい」と言われていないから、と報告しなかったりするのはいけない。

▶ **上司の自宅への連絡** 緊急の場合や、自宅に連絡を入れるしか方法がない場合を除き、極力控える。上司が取引先から直帰➡明朝一番に臨時部長会が開かれる➡携帯電話がつながらない➡自宅への連絡はやむを得ない。

> **NG** なんとか翌日の朝一番に対応すれば間に合うことを直接連絡したり、「どうしてもきょう中に」という相手の要望に、秘書課長などの代理を立てずに応じて連絡したりしてしまう。

仕事の進め方　　　　　　　　　　　🖉 頻出度 ★

▶ **優先順位を考える**
- 仕事は優先順位の高いものから行う。
- 優先順位は「緊急度」「重要度」「時間的制限」により決まる。
- 優先順位に迷ったときは、「この順番でよろしいでしょうか」と上司に尋ね了承を得てから決める。また、複数の仕事を指示されたときも同様。

▶ **期限と時間配分を考える**
- 「急がないから」との指示であっても、おおよその期限を聞く。
- 仕事には期限がつきものなので、日頃から自分の仕事のペースやスピードを把握しておく。
  例：企画書1枚作成には〇時間
- 無計画に仕事を進めるのではなく、時間配分をよく考え、計画的に進める。
  例：1時間かかる仕事なので、この日のこの時間に行う

▶ **仕事の標準化**
- よく作成する文書（会議の案内状など）は、ある一定の様式を作成しておく。
- 上司の出張に関する一連の業務も、手順をマニュアル化しておく。
- 出社時と退社時の仕事を標準化しておく。

出社時の例
- きょうの上司の予定を再確認
- 上司の仕事にかかわる新聞記事のチェック
- Eメールの受信チェック

退社時の例
- あしたの上司の予定を再確認
- 自分の仕事の流れを確認
- 投函する郵便物や社内送付物などの確認

6日目 きょうの一問一答②

秘書の心得

Q1 上司不在時に業務上で判断が必要になった場合は？

A1 上司のすぐ下の役職者か秘書課長に相談し、指示を受ける
NG 秘書が勝手に判断し断る

Q2 上司の空き時間について問合せがあった場合は？

A2 上司に確認してから返事をする
NG 勝手に教える

Q3 上司から取り次がない指示が出ている場合の電話や来客への対応は？

A3 本当の理由を言わない
NG「取り次がないように言われています」
NG「取り次げません」
OK「スケジュールが込み合っておりまして、確認をいたしまして、こちらから連絡いたします」

Q4 上司から「今すぐ課長（部下）を呼んでほしい」という指示があったが、課長が会議中のときは？

A4
① 「今すぐ」にはすぐ対応する
② 課長にメモを入れて連絡する
③ 会議終了は何時かなど、わかることを上司にすぐ伝え対応する

Q5 上司不在中にあった来客や電話はどうするか？

A5 セールス以外の来客と電話はすべて上司に報告する

Q6 上司の自宅に連絡を入れてもよい場合とは？

A6 緊急な場合を除き、極力控える
＊上司は取引先から直帰 → 明朝一番の会議が変更 → 携帯電話がつながらない、といった場合のみ連絡を入れる

Q7 予定外の来客があったときの秘書の対応は？

A7
① 予定外でも感じのよい対応をする
② 上司に取り次ぐかどうか判断する
③ いったん保留にする
④ 上司に確認後、来客に返事をする

きょうの一問一答②

Q8 上司に急な出張が入ったときの秘書の対応は？

A8
① スケジュールを調整する
② 不在中の業務代理人を確認する

Q9 上司の急病に備えておくことや、知っておくべきことは？

A9
① 持病や常時服用している薬の把握
② 主治医の連絡先
③ 応急手当ての知識
④ 健康保険証の番号を控えておく

Q10 上司に取材の依頼があったときの秘書の対応は？

A10
① 相手の連絡先、希望日時、取材趣旨、掲載号、写真の有無、紹介者などの確認
② 上司の許可を得て、返事をする

Q11 秘書が行う、上司の身のまわりの世話を3つあげなさい。

A11
① 車の手配　② 私的交際関連
③ 健康管理

Q12 秘書が上司の私的交際関連の仕事をするうえでの注意点を2つあげなさい。

A12
① 上司の私的なスケジュールは自分の手帳などにも控えておく
② 私的なことも補佐するが、必要以上立ち入らない

Q13 秘書として上司の指示がなくても行う業務を4つあげなさい。

A13
① 贈答などに対する返礼（礼状を出すこと）
② 転勤、異動などによる名簿や名刺の変更、訂正
③ 住所録の変更、訂正
④ 上司が必要としている事柄の情報収集

Q14 上司よりも秘書が先に退社する場合の対応は？

A14 「ご用はございませんでしょうか」と上司に尋ね、「ないようでしたらお先に失礼いたします」と言って退社する

Q15 優先順位に迷ったら？

A15 上司に「この順番でよろしいでしょうか」と確認する

きょうの力試し問題 ③

秘書の心得

1 〈2・3級〉

秘書A子は、上司（部長）から「今日の専務との打ち合わせは11時だったね」と言われた。A子の予定表では1時になっている。次は、そのときA子が上司に言ったことである。中から適当と思われるものを選びなさい。

① 「私の予定表では1時になっています。部長の予定表をもう一度確認していただけますか」
② 「私の予定表では1時になっています。私の間違いだと思うので11時のままでお願いできますか」
③ 「私の予定表では1時になっています。どうすればよいでしょうか」
④ 「私の予定表では1時になっています。すぐに専務秘書に確認するのでお待ちいただけますか」
⑤ 「私の予定表では1時になっています。11時だとしたらもうすぐなので、打ち合わせの資料をすぐ準備します」

2 〈2・3級〉

秘書A子は上司（部長）の外出中に、専務秘書B子から「明日の夜、急だが専務が会えないかと言っている」と連絡があった。上司からは、明日の夜は私用で人と会うと聞いていた。このような場合、A子はB子にどう対応すればよいか。中から不適当と思われるものを選びなさい。

① 明日の夜は予定があるようだ。昼間なら時間が取れそうだが専務はどうか。
② 明日の夜は予定があるようだが、念のため確認してみる。
③ 今はなんとも言えないので、上司が戻ったらすぐ返事をするがどうか。
④ 明日の夜は予定があるようなので、もし専務のご希望日が別にあれば、聞かせてほしい。
⑤ 明日の夜は私用が入っているので、別の日にしてもらえないか。

3 〈2級〉

次は秘書A子が、仕事の仕方について後輩に指導したことである。中から不適当と思われるものを選びなさい。

① 期限に間に合いそうもないとわかったら、そのときすぐ報告をすること。
② 仕事でわからないところがあったら、そのまま進めず必ず上司に確認すること。
③ 仕事が早く仕上がった場合は上司に報告し、関連する仕事はないかと尋ねること。
④ 急ぎの仕事をしているときに、別の仕事が入ったら、順番をどうするか上司に確認すること。
⑤ 期限の指示がない仕事は上司に期限の確認はせず、ほかの仕事を優先させる。

4 〈2級〉

次は秘書A子が、日頃から仕事の進め方について注意していることである。中から不適当と思われるものを選びなさい。

① 会議の開催案内など、よく作成する文書はフォーマット化しておき効率よく仕事を進めている。
② 上司は急な出張が多いので、対応手順やすることをマニュアル化するよりも臨機応変に対応しながら進めている。
③ 期限に間に合いそうにない場合は、それがわかった時点で早めに上司に報告し進めるようにしている。
④ 同時に複数の仕事を指示されたときは、順番を上司に確認してから進めている。
⑤ 仕事はいつも優先順位を考え、期限を必ず守るように進めている。

解答 & 解説 ③

解答

1
- ❶ ✗ 自分が正しく、上司が勘違いしているという前提で話してはいけない。
- ❷ ✗ ❶の逆で、上司が正しく、自分が間違っているという前提でもいけない。
- ❸ ✗ どうにか対処するために秘書がいるのだから、これでは秘書の役目を果たせていない。
- ❹ ○ この言い方が適切で、すぐに対応し、上司が正しく行動できるようにするのが秘書の務めである。
- ❺ ✗ 正しい時間を確認せずに準備をしても仕方がない。

❹

2
- ❶ ○ 代案を示し、相手の都合も聞いておけば対応しやすい。
- ❷ ○ 設問のようにするのが一般的である。
- ❸ ○ どのようにするかは上司が判断するのだから、なんともいえない。設問のように言うしかない。
- ❹ ○ 仮に専務に代案があればという聞き方もできる。
- ❺ ✗ 社内なので、私用であることは伝えてもよいかもしれないが、別の日にしてほしい、と秘書が勝手に返事をしてはいけない。

❺

3
- ❶ ○ 「わかった時点ですぐ」がポイント。
- ❷ ○ 不明点を確認しながら、確実な仕事をするように心がける。
- ❸ ○ 早く仕上がったらそれで終わりではなく、設問のように関連する仕事を引き受けるようにする。
- ❹ ○ 順番は勝手に判断せずに上司に確認する必要がある。
- ❺ ✗ たとえ上司から期限の指示がなくても、自分からおおよその期限を聞いておく必要がある。

❺

4
- ❶ ○ 効率よく仕事をするためにフォーマット化（様式化）しておくことが必要である。
- ❷ ✗ たとえ急な出張であっても、秘書が行う仕事の流れにはあまり変わりはないので、手順をマニュアル化しておいたほうがよい。
- ❸ ○ わかった時点での報告がないと修正ができない。
- ❹ ○ 優先順位に迷ったときは上司に確認してから行う。
- ❺ ○ 仕事の進め方のポイントは、「優先順位」と「期限」である。

❷

6日目 きょうの力試し問題 ④

秘書の心得

1 【2・3級】

上司（部長）が外出中に、常務から「明日の朝9時から緊急の部長会を開くことになった」との連絡があった。次は、それに対して秘書A子が行ったことである。中から適当と思われるものを選びなさい。

❶ 外出先に連絡したが上司は出たあとだったので、携帯電話に至急連絡がほしいとメッセージを残し、連絡があるまで待機していた。
❷ 上司は外出先から自宅へ直接帰る予定になっていたので、すぐに自宅へ連絡を入れた。
❸ 常務に、上司は外出先からそのまま帰る予定なので連絡を取るのはむずかしいと思う、と言った。
❹ 明日の朝9時から予約が入っていた取引先に「緊急会議のため延期にしてほしい」と連絡した。
❺ 取引先から明日の午前中であれば何時でもよいので伺いたいと言われたので、無理だと言って断った。

2 【2級】

次は秘書A子が、上司の補佐業務として行っていることである。中から不適当と思われるものを選びなさい。

❶ 取引先の部長が栄転という話を聞いたので、転任日や転勤先など必要な情報を尋ねた。
❷ 上司の外出中に取引先から電話があり「またかける」とのことだったので、上司には報告しなかった。
❸ 上司が不在中、上司の友人から寄付の依頼があったので、寄付の内容を聞き後日、上司から連絡すると伝えた。
❹ 上司が長期出張中、上司の判断が必要になったので、代理人である秘書課長に相談した。
❺ 取引先から御中元が届いたので上司に報告し、礼状は書いて出しておいた。

3 【2級】 ひっかけ問題

秘書A子の上司は最近、特に忙しくスケジュールを間違える。A子からの報告を聞く時間もないほどで、社内でも困っているといううわさを耳にした。そこでA子は次のように対応した。中から不適当と思われるものを選びなさい。

❶ それぞれの予定に入るときは、次の予定の時間と内容をひと言添えるようにした。
❷ 社内関係部署との連絡をこれまで以上に密にして、変更があった場合はそのつど確認をするようにした。
❸ 報告はこまめにし、口頭だけでなくメモを添えるようにした。
❹ 上司の携帯電話にも伝言やメッセージを頻繁に送るようにした。
❺ 代理ですむものがないかさりげなく上司に聞いてみた。

4 【2級】 ひっかけ問題

次は、秘書A子が上司の不在中に行ったことである。中から適当と思われるものを選びなさい。

❶ 他部署から仕事を頼まれ、手が空いていたので手伝った。他部署に、上司が出社したらそのことを報告してほしいと言った。
❷ 社内の上司に関するうわさは必要な情報なので、積極的に集めるようにした。
❸ 取引先が台風で大きな被害を受けたとの知らせがあったので、取引先を担当する部に状況を聞いた。
❹ 取引先の役員の訃報が入ったので、代理人である秘書課長に連絡し、参列してもらうように頼んだ。
❺ 上司が外出先でけがをしたと電話があった。けがの具合を気遣い、あとのことは全部自分に任せてほしいと言った。

解答 & 解説 ④

1
- ❶ ⭕ どうにか直接上司と連絡を取らなければいけない。一般的な手順は設問のようになる。それでも連絡が取れない場合に限り自宅への連絡となる。
- ❷ ❌ 上記の解説どおりで、いきなり自宅へ連絡を入れるのは控えなければならない。
- ❸ ❌ 緊急部長会を開くことは決定なので、それをなんとか伝える工夫を凝らすのが秘書の役目である。
- ❹ ❌ 社外である取引先の人に「緊急会議のため」と伝えてはいけない。
- ❺ ❌ 無理だとわかっていても、上司に報告せず勝手に断ってはいけない。

解答 ❶

2
- ❶ ⭕ 新しい役職名、後任者なども尋ねておくとなおよい。
- ❷ ❌ たとえ相手が「またかける」と言っても、上司には「またかけるとおっしゃっていました」と報告しなければならない。そうすれば、次に相手から電話があったとき「一度電話をかけてくれたそうで申し訳ない」と上司が言えるからである。
- ❸ ⭕ 寄付については、秘書では判断がつかない。また、上司が検討するうえでもどんな寄付なのか聞いておく必要がある。
- ❹ ⭕ 必ず代理人に相談し指示を受ける。
- ❺ ⭕ 上司への報告は必要である。中元や歳暮の礼状は上司の指示がなくても行うことの一つ。

解答 ❷

3
- ❶ ⭕ 設問のような秘書側の工夫が望ましい。
- ❷ ⭕ 設問のように秘書自身が他部署とうまくやりとりするのが望ましい。
- ❸ ⭕ 上司の負担にならないようメモ程度に抑える。
- ❹ ❌ 頻繁に送っていては上司の助けになるどころか、じゃまになってしまう。ここがひっかけ。よかれと思ってすることが、上司の行動の妨げになるようでは秘書とは言えない。
- ❺ ⭕ 上司の負担を減らす、さりげない提案であればよい。

解答 ❹

4
- ❶ ❌ 手が空いていれば手伝ってもよいが、それを上司に報告してもらうようなことはしなくてもよい。
- ❷ ❌ 自然と耳に入ることは仕方ないが、積極的に収集する必要はない。
- ❸ ⭕ まずは、正確な状況を確認したうえで上司に連絡するのが望ましい。
- ❹ ❌ 代理人は参列まで代行するわけではない。ここがひっかけ。
- ❺ ❌ けがの具合を気遣うのは当然で、たとえ急なことでも全部自分に任せてほしいとまで言うのは行きすぎている。

解答 ❸

COLUMN my失敗談⑥

「時間さえかければ合格できると思っていました」

　大学1年生の福島さんには、就職活動で苦労した大学4年生の姉がいます。そんな姉から「時間のある1年生のうちに資格を取っておくといい。就職活動が本格化してからでは間に合わないよ」と言われていました。

　そこで福島さんは、大学生でも頑張れば合格できる秘書検定の準1級を目指すことを決めました。時間はたっぷりあるので、まずは計画をしっかり立てることにしました。1年生で2級に合格し、2年生になったら準1級を目指す。準1級は筆記のほかに、面接もありむずかしいと聞くが、就職面接の練習にもなるので目指す価値があると考えました。何より、時間だけはたっぷりあるのですから。

　さっそく、福島さんは2級合格を目指し、余裕を持って試験の3か月前から勉強を始めました。200ページのテキストを、毎日2ページほどこなせばいい計画でした。しかし試験10日前になり福島さんは焦りました。仲の良い友人がほんの1週間前から秘書検定の勉強を始め、自分よりもすらすらと問題を解いていくのです。友人の勉強の仕方を観察してみると「参考書で学んで ⇒ 覚えて ⇒ すぐに問題を解いて ⇒ 間違ったところをまた見直す」というやり方をくり返しています。その姿を見た福島さんは、自分は「時間さえかければなんとかなる」としか考えていなかったことに気づかされました。彼女のように、限られた時間の中で合格するために「どうやるか？」といった勉強の"手段"が自分には欠けていたのです。

　それでも福島さんはあきらめずに「まだ10日ある！　できることを精一杯こなそう」と頭を切り替えました。今までテキストを広げて目を通してきただけとはいえ、しっかり頭の中に入っている知識もありました。まずは自分が「できているところ」と「できていないところ」を区別し、整理し直しました。そうして、集中的に勉強する内容が明確になったのです。

　その後、福島さんは無事に「2級合格」を手にすることができました。時間があるのは好条件かもしれません。ただそれは、条件のひとつにしかすぎず、絶対的ではないのです。そのことをしっかり頭に入れて、今、福島さんは準1級を目指しています。

7日目

必要とされる資質

35問中、「必要とされる資質」から **5問** 出題

🎖 合格への近道

一問一答から始める。
問題をくり返し解く！

7日目 | 必要とされる資質 | 基本的な心構え

> **受かる人は……**
> 自分のミスと上司のミスへの対応の違いがわかる
>
> **落ちる人は……**
> 秘書として発言できること、できないことの区別がついていないのはNG

ビジネスパーソンとしての心構え　　頻出度 ★

▶ **4つの自己管理**
1. 健康管理 ➡ 月曜日、金曜日は休まないようにする。安定した体調作りに努める。
2. 時間管理 ➡ 時間厳守、先輩・上司よりも早めに出社する。
3. 金銭管理 ➡ 職場における金銭の取り扱いは慎重にする。
4. 精神的管理 ➡ 感情をコントロールする。好き嫌いで仕事をしない。

> 節度のある言葉遣いや態度が大切です。

▶ **顧客・取引先に対する心構え**
- 顧客・取引先の人を社内のどの上役よりも優先すること。
- たとえ親しくなっても、仕事上の関係であることを忘れない。
- 食事などに誘われたら、<u>上司に報告し、了承を得てから</u>行く。

▶ **上司に対する心構え**
- どうすれば上司にとって、よりよい補佐ができるかを常に考え行動する。

▶ **先輩に対する心構え**
- 親しくなっても敬語で接する。
- 「何か手伝えることはないか」という気配りを忘れない。

> だれに見られてもよいように！

▶ **同僚・後輩に対する心構え**
- 同僚・後輩だからといって、言葉遣いや態度が雑にならない。

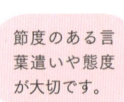

補佐役としての心構え　　🖊 頻出度 ★★★

7日目　基本的な心構え

▶ **機密事項を尋ねられたら**　たとえ知っていても<u>機密事項を知る立場でないこと</u>をはっきり示す。

▶ **機密事項の取り扱い**　機密書類の取り扱いは、保管から廃棄まで細心の注意を払う。家庭内や電車内では、仕事上のことをむやみに口外しない。

（ライバル企業やマスコミが注目しているかも！）

▶ **社内・社外の交友関係**　機密事項については知る立場でないことを示せば、交際範囲をせばめたり、交友関係を断ったりする必要はない。

▶ **上司のプライバシー**
- 上司の行き先や出張先などは具体的に言わない。
- 職務上知り得た上司のプライバシー（友人関係など）は外に漏らさない。
- 上司の私用に関して、ほかの人に「<u>私用である</u>」とは言わない。

▶ **自分のミスへの対応**　言い訳をせずに素直に謝る。「大変申し訳ございませんでした。以後気をつけます」
誤解であったとしたら、後日、<u>折を見て説明する</u>。決して言い訳をしないこと。
NG「それは誤解です」

○ OK「以後気をつけます」　　✕ NG「それは誤解です」

▶ **上司のミスへの対応**　確認する尋ね方をする。「私の聞き違いかもしれないので、確認させていただけますか」
上司側の指示ミスであっても、それを<u>指摘する</u>聞き方をしない。
NG「その件は週末が期限ではありませんでしたか」

▶ **適切な身だしなみ**
- 服装 ➡ センスのよい組み合わせ、色使いにする。
- アクセサリー ➡ シンプルなものを１つだけつける。
- 化粧 ➡ 薄化粧。ノーメイクは不可。マニキュアは爪が健康に見える色にする。
- 髪形 ➡ お辞儀したときに、顔にかからないスタイルや長さにする。
- 靴 ➡ シンプルな中ヒール（3〜5cm）のパンプスがよい。

＊先輩秘書の身だしなみを参考にするとよい。

▶ **不適切な身だしなみ**　身だしなみ全体が派手な印象のものや、流行を追いすぎているもの、ブランドものばかりの服装は不適切である。

7日目 必要とされる資質
秘書に必要とされる能力

受かる人は……
秘書として**ふさわしくない言動**がわかる

落ちる人は……
取り次がないよう指示があった際の対応がわからないのはNG

① 判断力　　頻出度 ★★★

▶ **上司が会議中で指示が必要な場合**　用件を書いた<u>メモ</u>を渡して指示を受ける。または上司を廊下に<u>呼び出すメモ</u>を書いて、廊下で用件を伝え、指示を受ける。

NG 小声で上司に話しかけたり耳打ちしたりする。

▶ **上司から取り次がないよう指示があっても取り次ぐ場合**

手順1	よけいなことは言わず「少々お待ちください」と断り、待ってもらう
手順2	上記の「上司が会議中で指示が必要な場合」と同様、上司に伝える
手順3	上司の指示どおりに対応（下記の場合は基本的に取り次ぐ） ＊社内の緊急事態、家族の緊急事態 ＊（短時間ですむ）取引先の転任・着任の挨拶 ＊紹介状を持参した来客 ＊上司の上役（取締役など）からの呼び出し ＊めったに会えない人（恩師、親友など）の来訪

- **面会予約が行き違った場合** どちらの間違いか指摘しても意味がない。まずお詫びをして、相手の希望日を2、3聞いておく。その後、上司と調整し相手に連絡する。
- **上役から仕事を依頼された場合** 上司（部長）の上役（常務）や他部署の上役から仕事を依頼されたら、いったん引き受ける。その後、<u>上司に報告し、了承を得てから</u>取りかかる。
  - **NG**「私は部長の秘書なので、常務から部長に話してもらえますか」

② 人間関係調整力 頻出度 ★

- **新しい上司と前任上司のやり方が違う場合**
  まずは新任上司の理解に努める。前任秘書からアドバイスをもらう。
- **上司の性格について尋ねられた場合**
  よい面だけ話す。
- **上司とあまり仲のよくない社内の人の場合**
  仲がこれ以上悪くならないよう公平に接する。

  2人の間の調整役になれるよう心がけましょう。

- **社内のうわさ話を聞かされた場合**
  基本的に聞き流す。もしくは取り合わない。
  - **NG** うわさなのに情報収集しようとする。うわさに対してコメントをする。
- **他部署の人から手伝いを頼まれた場合** 急ぎの仕事もなく、手伝えるなら、上司に了承を得てから手伝う。ただし、上司不在の場合は代理の人に了承を得る。
- **先輩や同僚に手伝いを頼む場合** 上司の了承を事前に得ておくことが基本。そのうえで先輩や同僚の仕事の状況を尋ねてから依頼する。

③ 理解力・洞察力 頻出度 ★★

- **上司の「よろしく頼む」を理解する** 来客予定があったが、上司が急用で「あとのことはよろしく頼む」と言って外出した場合、それ以降のスケジュールをうまく調整する必要がある。もしもその間に面会の予定などが入っていた場合は、下記の流れで対応する。

● 基本的な手順

| 来客に連絡が取れた場合 | 連絡が取れず来客が来てしまった場合 |

↓ まずは丁寧にお詫びして、急用で面会できなくなったことを伝える ↓

↓ 相手の意向を最優先して対応する ↓

→ 代理の者でもよいとのことであれば、代理人を立てる

← 再訪であれば、左矢印のとおりに対応

相手の希望日時を二三聞いておき、上司に確認後、先方に返事をする

↓

再度、一方的なキャンセルについてお詫びをする

▶ **上司の「あれ」「あの」「例の」を理解する**　上司はいつも詳しく説明したり指示したりするとは限らない。洞察力を働かせて、上司の意向を正確に理解することが求められる。
- 話の流れから、上司の言いたいことを推測する。
  ➡ その後、必ず「～でございますね」と確認すること。
- 話の前後から、上司の言いたいことを推測する。
  ➡ その後、必ず「～でございますね」と確認すること。
- ふだんから上司が手がけている仕事内容、進行具合を把握しておく。
- ふだんから上司の仕事の優先課題を知っておく。
- ふだんから上司の指示の「次」を予測できるようにしておく。

④ 情報収集力　　頻出度 ★

▶ **情報収集の仕方**
- 上司の仕事に必要と思われる情報を見極める。量より質が優先。
- 最新の情報を収集する。
- 評判の食品や商品など仕事以外の情報にも敏感になっておく。
- いつ上司に求められてもすぐ提供できるようにしておく。

▶ **上司への情報提供の仕方**
- 上司が必要なときにタイミングよく提供する。
- さほど重要とは思われなくても、上司に知らせておいたほうがよいと思われる情報はすすんで提供する。
- 自分の憶測や感想を除いて、事実だけを提供する。感想や意見を求められたら、事実と分けて話す。

きょうの一問一答 ①

基本的な心構え／秘書に必要とされる能力

Q1 顧客から「いつものお礼」と言われて食事に招待されたら？

A1 勝手に受けない。上司に報告し、了承を得てから招待を受ける

Q2 先輩に対する言葉遣いは？

A2 たとえ親しくなっても敬語で話す

Q3 機密事項を尋ねられたら？

A3 たとえ知っていても「知る立場でない」ことをはっきり示す

Q4 機密事項を扱う秘書は、交友関係をせばめる必要があるか？

A4 社内、社外ともに「知る立場でない」ことを示せば、交友関係をせばめる必要はない

Q5 上司のプライバシーにかかわることとはどんなことか？

A5 ① 上司の行き先や出張先
② 職業上知り得た友人関係など

Q6 自分の仕事上のミスを指摘されたら？

A6 言い訳をせず素直に謝る
OK「大変申し訳ございませんでした。以後、気をつけます」

Q7 自分の仕事上のミスを指摘されたが、上司の思い違いだったら？

A7 その場では言い訳せずに謝る。後日、機会があれば説明する

Q8 上司側のミスを発見したら、秘書としてどう対応するか？

A8 基本的に上司のミスは指摘しない。確認のかたちを取る
OK「〜でよろしいでしょうか」

Q9 秘書としてふさわしい装いとは？

A9 服装 センスのよい組み合わせ、色使いのもの
アクセサリー シンプルなものを1つ
化粧 薄化粧。ノーメイクはNG
髪形 お辞儀のとき、顔にかからないスタイル
靴 シンプルな中ヒールのパンプス

Q10	上司は会議中だが、上司の指示が必要な場合、秘書としての対応は？	**A10**	用件を書いたメモを渡して指示を受ける。もしくは、上司を廊下に呼び出すメモを書いて廊下で用件を伝え指示を受ける **NG** 小声で上司に話しかける、耳打ちする
Q11	取り次がない指示でも取り次ぐケースは？	**A11**	● 社内の緊急事態。家族の緊急事態 ● 取引先の人の転任・着任の挨拶（短時間ですむので） ● 紹介状を持参した来客 ● 上司の上役（取締役など）からの呼び出し ● めったに会えない人（恩師、親友など）の来訪
Q12	面会予約に行き違いがあった場合の秘書としての対応は？	**A12**	① お詫びをする ② 相手の希望日時を、二三聞いておく ③ 上司と調整し相手に連絡する ＊代理の者でもよいとのことであれば、代理人を立てる ＊どちらの間違いか指摘しても意味がない
Q13	上司の上役の人から仕事を頼まれた場合、秘書としての対応は？	**A13**	いったん引き受けて、上司に報告、了承を得たうえで取りかかる
Q14	上司の性格について尋ねられたら、秘書としての対応は？	**A14**	よい面だけ話す。「私の知る限りでは……」という言い方をする
Q15	上司とあまり仲のよくない社内の人との接し方は？	**A15**	これ以上仲が悪くならないように公平に接する
Q16	社内のうわさ話をされたら、秘書としての対応は？	**A16**	聞き流す、取り合わない、その場から離れる **NG** うわさレベルの話にコメントしたり深く聞き出そうとする

Q17	他部署の人が仕事を手伝ってほしいと言ってきた場合、秘書としての対応は？	**A17**	必ず上司の了解を得てから手伝う ＊急ぎの仕事もなく、手が空いていたら、手伝う場合もある
Q18	先輩や同僚に仕事を手伝ってもらう場合は？	**A18**	事前に上司の了承を得ておく。先輩や同僚の仕事の状況を尋ねてから頼む
Q19	上司が急用で外出。その後、予約をしていた来客に対応しなくてはいけない。 もしも来客に連絡が取れたらどうするか？	**A19**	① まずは丁寧にお詫びをする ② 急用で面会できなくなったことを伝える ③ 相手の意向を優先して対応する ④ 相手の再予約の希望日時を、二三聞き、上司に確認後、先方に連絡する
Q20	上司が急用で外出。その後、予約をしていた来客へ対応しなくてはいけない。 もしも来客と連絡が取れず、来客が来てしまったらどうするか？	**A20**	①〜③まではA19のとおり ④ 代理の者でもよいとのことであれば、代理人を立てる ⑤ 再度来訪であれば、A19④の対応をする
Q21	上司の「あれ」「それ」「例の」を理解するためには？	**A21**	① 話の流れ、もしくは前後から言いたいことを推測する ② その後、必ず「〜でございますね」と確認する

7日目 きょうの一問一答 ①

7日目 きょうの力試し問題 ①

基本的な心構え／秘書に必要とされる能力

1 2・3級

秘書A子は、同期入社のB子からA子の上司が異動するといううわさを聞いた。A子はこのことについて何も聞かされていない。この場合、A子はどう対応すればよいか。次の中から適当と思われるものを選びなさい。

❶ 自分は知らなくても、事実であれば上司が話すだろうから、そのままにしている。
❷ 上司の異動であれば、自分にも関係することなので上司に直接確かめる。
❸ 上司の異動であれば、秘書課長も知っているはずなので、課長に確かめてみる。
❹ B子に、上司は自分には何も話してくれないので、詳しく教えてほしいと頼む。
❺ B子に、そのうわさはだれから聞いたのかと尋ねてみる。

2 2・3級

秘書A子の上司は今朝、めずらしく何の連絡もなく10分遅れて出社した。A子の対応として、次の中から適当と思われるものを選びなさい。

❶「おはようございます」と挨拶し、遅れたことについては何も言わない。
❷「おはようございます。今日はめずらしいですね」とやさしく声をかける。
❸「おはようございます。電車が遅れていましたね」と言う。
❹「おはようございます。心配しました。何かございましたか」と尋ねる。
❺ 何も言わず、いつものようにお茶を出す。

3 2級

秘書A子に取引先のN氏から電話があり、日頃お世話になっているお礼にと昼食に誘われた。この場合、A子はどのようにするのがよいか。次の中から適当と思われるものを選びなさい。

❶ 私一人では困るので、同僚のB子も誘ってよいか尋ねる。
❷ 仕事でしていることなので気遣いはいらない、と言って断る。
❸ 後ほど返事をさせてもらうと言い、上司に了承を得てから行く。
❹ 後ほど返事をさせてもらうと言い、秘書課長に相談する。
❺ 日頃のお礼ということなので昼食に行き、その後、お礼のはがきを出す。

4 2級

秘書A子は、常務との打ち合わせから戻ってきた上司（部長）から「しばらくの間、電話や来客は取り次がないでもらいたい」と言われた。次は、このような場合にA子が行ったことである。中から不適当と思われるものを選びなさい。

❶ 上司につないでほしいと内線電話をかけてきた常務に「先ほどの打ち合わせの件であればつなげる」と言った。
❷ 急ぎではないが上司に確認したいことがあるという取引先の電話に「席をはずしているので、後ほどこちらから連絡させてもらう」と言った。
❸ 上司に相談したいことがあるが都合はどうかと言う課長に「すぐには無理なので、後ほど確認して連絡する」と言った。
❹ 上司の旧友が訪ねて来たので、「都合を聞いてみるので少し待ってほしい」と言った。
❺ 上司に今呼ばれたと言ってやってきた課長に「少々お待ちください」と言い、部長に確認してから通した。

解答 & 解説 ①

1
- ❶ ⭕ 上司の異動については、A子の意思でどうにかなるものではない。秘書としては、仕事に関連する重要なことではあるが、上司が話してくれるまで待つ姿勢が必要。
- ❷ ✖ うわさレベルのことを上司に直接確かめるのは、秘書としてもっともふさわしくない態度である。
- ❸ ✖ うわさレベルのことを課長に聞いても仕方ない。
- ❹ ✖ うわさが事実だとしても、上司には考えがあって話さないのだろうから、詳しく聞いても仕方がない。
- ❺ ✖ あくまでうわさなので、だれから聞いたか尋ねても意味がない。

解答 **❶**

2
- ❶ ⭕ 設問どおり。遅れたことについて上司から話さない限り、あえて聞かない。
- ❷ ✖ 「今日はめずらしい」などとよけいなことは言わない。
- ❸ ✖ 遅れた理由はわからないので、憶測で言わない。
- ❹ ✖ 「何かございましたか」と聞かれて答えにくいこともあるので、このような聞き方はしない。
- ❺ ✖ お茶を出すのはよいが、何も言わないのはおかしい。

解答 **❶**

3
- ❶ ✖ N氏のA子に対するお礼なのだから、勝手にB子を誘ってはいけない。
- ❷ ✖ 仕事なのは違いないが、断るのであれば上司に相談してから。
- ❸ ⭕ 設問のとおり。即答せず、必ず上司の了承を得てから行くこと。
- ❹ ✖ 上司本人に相談しなければ意味がない。
- ❺ ✖ お礼のはがきは出すにこしたことはないが、その前に上司の了承を得る必要がある。

解答 **❸**

4
- ❶ ✖ 電話や来客は取り次がないようにと言われていても、相手や用件により的確に対応することが大切。常務からの電話なのだから、状況から判断して取り次いだほうがよいだろう。取り次ぐのであれば、常務に用件を確認する行為は、秘書として不適切である。
- ❷ ⭕ 社外の人でも、緊急でなければあとで連絡する対応になる。
- ❸ ⭕ 社内の者であれば、設問のように対応する。
- ❹ ⭕ 突然の訪問だが、旧友であれば融通を利かせて、上司に声をかけるのが秘書としての対応である。
- ❺ ⭕ 今呼ばれたのだから基本的にすぐ通すが、念のために確認する。

解答 **❶**

7日目 きょうの力試し問題 ①

きょうの力試し問題 ②

基本的な心構え／秘書に必要とされる能力

1 〈2級〉

次は部長秘書A子が、日常業務で行っていることである。中から不適当と思われるものを選びなさい。

① 上司は会議中だが、どうしても上司の判断が必要になったので、メモで廊下に呼び出し用件を伝えた。
② 上司が「例のこと」と言ったら、話の前後から推測し「～のことでございますね」と確認している。
③ 上司に情報を提供するときは自分の憶測は除き、事実だけを提供している。
④ 上司の上役である常務から仕事を頼まれたら「常務から部長にお話し願えますか」と言う。
⑤ 上司から会議中は取り次がない指示が出ていたが、紹介状を持参した来客があったので、そのことをメモで伝えた。

2 〈2級〉

秘書A子の上司を訪ねて取引先のY部長が来訪した。上司は外出中だが、Y部長は、この時間に約束していると言う。A子は上司からこのことを何も聞かされていない。このような場合、A子の対応で不適当と思われるものを選びなさい。

① 「わざわざ来てもらったのに大変申し訳ない」とお詫びをし、次回Y部長が希望する日時を、二三聞いておく。
② 「大変失礼なことをして申し訳ない」とお詫びし、上司はあと15分ほどで戻るので、待てるかどうか尋ねる。
③ 「上司からは何も聞いていなくて大変申し訳ない」と言って、上司が戻ったらすぐに連絡させると言う。
④ 「わざわざ来てもらったのに大変申し訳ない」とお詫びをし、どのようにするかY部長の意向を尋ねる。
⑤ 「行き違いがあったようで大変申し訳ない」とお詫びをし、せっかく来ていただいたので、代理の者ではどうかと尋ねてみる。

3 〈2級〉 ひっかけ問題

次は、秘書A子が業務で行っていることである。中から適当と思われるものを選びなさい。

① 仕事が期日中に終わらないので、期限を守ることを最優先に同僚にも手伝ってもらっている。
② 上司は期限に厳しい人なので、仕上がった内容より期限を最優先にしている。
③ 仕事が期日中に終わらないときは、それがわかった時点ですぐに上司の指示を仰いでいる。
④ 新任上司の仕事のやり方をまだ理解できないときは、先輩秘書のアドバイスどおりに行っている。
⑤ 他部署の部長から新任上司について尋ねられたので、ありのままを話した。

4 〈2級〉 ひっかけ問題

次は、秘書A子が業務で行っていることである。中から適当と思われるものを選びなさい。

① 新任上司は何でも自分でやりたがり、秘書を使ってくれないので、もっと仕事を補佐させてほしいと申し出た。
② 上司から注意を受けたがそれは上司の誤解によるものだったので、そのことを先輩秘書からおだやかに伝えてもらった。
③ 上司は最近忙しく、指示が重なることが多いのでそれとなく困ると伝えた。
④ 上司から忠告を受けたが、プライベートなことだったので、それがどの程度仕事に影響しているのか尋ねてみた。
⑤ A子もよく知る上司の知人が、近くまで来たと言い来訪した。上司は来客中だったのでメモで知らせた。

解答 & 解説 ②

1
- ❶ ○ 上司を呼び出さざるをえないときは、必ずメモで呼び出すこと。
- ❷ ○ 設問のように推測し、さらにそれが合っているのか確認する必要がある。
- ❸ ○ 基本的に事実だけを伝える。意見や感想は、上司から求められたときだけにする。
- ❹ ✗ 設問のように、秘書が常務に指示をするような言い方は不適切。常務からの仕事はいったん引き受け、その後、上司に報告し了承を得てから取りかかるのが適切。
- ❺ ○ 紹介状を持参する場合、一般的には予約を入れてから来るが、紹介者や内容によっては上司に取り次ぐ必要があるので、メモで伝えるのは適切。

解答 ❹

2
- ❶ ○ 希望日時を、二三聞いておくのが一番よい。その後、上司に報告、調整し相手に連絡する。その際に再度お詫びをする。
- ❷ ○ 15分ほどで戻るのであれば、待てるかどうか尋ねてみる。
- ❸ ✗ 行き違いを上司のせいにしてはいけない。上司が戻ったらすぐに連絡するのは当然である。
- ❹ ○ まずはお詫びをする、そして設問のように相手の意向に添って対応する。
- ❺ ○ 代理の者でも可能かどうか提案してみるのも一つの方法である。

解答 ❸

3
- ❶ ✗ 期限を守るのは大事なことだが、A子が引き受けた仕事である以上、ほかの人に手伝ってもらうときは上司の了承が必要。
- ❷ ✗ 期限に厳しい上司とわかっているのであれば、早めに仕上げるぐらいの心がけが必要。内容をおろそかにしてよいわけではない。
- ❸ ○ 「わかった時点で指示を仰ぐ」のが適切である。
- ❹ ✗ 新任上司の元秘書の先輩であれば別だが、自分から上司を理解し、工夫して補佐していくのが秘書である。ここがひっかけ。
- ❺ ✗ ありのまま話してはいけない。「よい面だけ」「私の知っている限りでは……」と言い、節度を持って話すこと。

解答 ❸

4
- ❶ ✗ 秘書を活用してもらえるよう自分から働きかける工夫が必要。補佐させてほしいと申し出るのは不適切。ここがひっかけ。
- ❷ ✗ たとえおだやかにでも、他の人から伝えてもらうのは不適切。ここがひっかけ。後日、折を見て説明するのが適切。
- ❸ ✗ それとなくでも伝えてはいけない。ここがひっかけ。指示が重なっても、それをうまく補佐するのが秘書の仕事である。
- ❹ ✗ たとえプライベートなことに対する忠告でも、少なからず仕事に影響しているから上司として言っていること。それをどの程度かという聞き方をするのは不適切。
- ❺ ○ 約束をしていなくても、A子もよく知っているのだから、メモで伝えるのは適切な対応。

解答 ❺

7日目 きょうの力試し問題 ②

MESSAGE

"本当の意味"での「自立型職業人」を目指しましょう！

　告白します。私は秘書検定の考え方、姿勢、価値観、つまり世界観が苦手でした。今でも共感できているとはいえません。ただ、世界観に共感できるかどうかと、秘書検定に合格できるかどうかはまったく別の問題です。現に私も1級に合格しています。

　では、なぜこうして秘書検定の本を何冊も書いているのでしょう？　それは、皆さんに"本当の意味"での「自立型職業人」になってほしいからです。

　秘書検定での秘書は、何事も上司の指示のもと、お伺いを立てて判断するのが基本となっています。これでは自ら考え行動できる自立性が育ちません。ここに違和感を覚えました。ところが私が企業研修の講師を担当すると、自ら考えることが「自分だけの視点」になっていたり、自ら行動することが「自分の都合」だけで行動していたりする若手社員が多いことに気づきました。「本物の自立型職業人」とは、「相手の立場や視点で物事が考えられ、相手の要望や期待に応えられるように」自ら考え行動できる人材のことです。

　秘書検定では「自ら考え行動すること」までは問われませんが、その前提となる「相手の立場や視点で物事を考え、相手の要望や期待をどうくみ取るか」が多く問われるのです。つまり、本物の自立型職業人になるための「ベース」が秘書検定なのです。

　皆さんにはぜひ、秘書検定でしっかりとしたベースを築き、そこで終わらずに次の目標を定め、「本物の自立型職業人」を目指していただきたいと思います。

模擬テスト
2・3級対応

📄 問題形式に慣れ、正解率60%を目指そう

⏱ 試験時間	2時間
✐ 合格基準	理論8問以上、実技14問以上

領域	科目・分野	第1回 正解数	第2回 正解数
理論	必要とされる資質5問		
	職務知識5問		
	一般知識3問	/13問	/13問
実技	マナー・接遇12問 (記述2問含む)		
	技能10問 (記述2問含む)	/22問	/22問

第1回　模擬テスト（2・3級対応）

【必要とされる資質】

1 秘書A子の上司が会議中、重要な取引先から電話が入った。上司からは「電話は取り次がないように」と言われている。このような場合、A子はどのように対応するのがよいか。中から<u>不適当</u>と思われるものを一つ選べ。

1）「上司から取り次がないように言われているので、電話は取り次げない。なんとか了承願えないか」と言う。
2）「今は電話を取り次げない状況である。こちらから電話をするので、用件だけでも聞かせてほしい」と言う。
3）どれくらい急ぐのかを確認し、それによっては取り次ぐことも考える。
4）会議の終了時間を伝え、「終わりしだい、こちらから電話をするが、それではどうか」と尋ねる。
5）上司が会議中であることは言わないで、どのような用件か確認し、用件によっては上司に取り次ぐ。

【マナー・接遇】

2 次は秘書A子が、話をするときに気をつけていることである。中から<u>不適当</u>と思われるものを一つ選べ。

1）立場の違いにより他部署の人と意見が異なる場合は、相手との人間関係を考え、自分の意見を控えることもある。
2）自分が発した言葉はもとに戻せないので、秘書として言葉を選んで話すようにしている。
3）後輩秘書と意見がぶつかることがあっても、相手の人格にふれるようなことは言わないようにしている。
4）常に相手を認める気持ちを持ち、相手を立てるような話し方を心がけている。
5）先輩秘書と話すときは、親しみを込めて、隔たりがある言葉は避けて、同じような言葉遣いをしている。

【技能】

3 次は秘書A子が、会議開催に関して行っていることである。中から不適当と思われるものを一つ選べ。

1）当日の配付資料は、遅くとも会議前日までに、参加予定人数より若干多めに準備をしておく。
2）会議が予定どおりに終わるかどうか、議長に確認することを忘れない。
3）お茶を出す場合は、どのタイミングで出すかが重要なので、上司と打ち合わせをしておく。
4）議事録の作成を頼まれた場合は、正確に記録するとともに、録音も同時に行うようにする。
5）社外からの出席者がいる場合は、席札を準備し、当日は席まで案内する。

【必要とされる資質】

4 次は秘書A子が、秘書課に初めて配属されたB子に引き継ぎを行った内容である。中から不適当と思われるものを一つ選べ。

1）B子に、引き継いだ内容でわからないことがあったら、そのままにせず、自分に確認してから行ってほしいと話した。
2）引き継ぎを行う際、上司の性格や食事の好み、体調面などについても話をした。
3）同僚にも、B子は初めて秘書課に配属されたので、いろいろと指導をしてほしいと頼んだ。
4）B子に、引き継いだ内容でわからないことがあったら、正確に仕事をするためにも上司に詳しく尋ねるとよいと話した。
5）引き継ぎを行う際、失敗した自分の経験などが役に立つ場合もあるので話した。

5 先輩秘書が退職し、当面は秘書A子が秘書課のまとめ役となった。そこでA子は、次のようなことを考えた。中から<u>不適当</u>と思われるものを選べ。

1）上司に自分ができる仕事を伝え、秘書業務の職務拡大を目指すことを考えた。
2）自分から社内の人に声をかけ、秘書課の仕事がやりやすくなるようにと考えた。
3）より一層判断力を磨き、よりよい補佐業務ができるようにしようと考えた。
4）自分が機敏に行動することで、秘書課全体の雰囲気や上司の気持ちも引き締めようと考えた。
5）定型的な仕事こそ、気を抜かずに取り組もうと考えた。

6 秘書A子は急用のため、会議中の上司に指示を仰がなくてはならなくなった。次は、このときA子が順に行ったことである。中から<u>不適当</u>と思われるものを一つ選べ。

1）会議室の前に着いたら知り合いの社員が出てきたので、上司のおおよその席の位置を尋ねた。
2）会議室に入ると、上司の近くの人が発言していたが、じゃまにならない小声で上司に声をかけた。
3）上司に用件を書いたメモを見せ、指示を仰いだ。
4）上司の近くの人たちに、迷惑をかけたという意味で軽くお辞儀をし、すばやくその場を去った。
5）後ろの席に先ほどの知り合いの社員がいたので、軽くお辞儀をし、すぐに退室した。

7 秘書A子の上司が会議中、上司の家族から「親戚に不幸があった」との電話が入った。上司からは「電話は取り次がないように」と言われている。このような場合、A子はどのように対応するのがよいか。中から適当と思われるものを一つ選べ。

1）家族に「電話は取り次がないようにと言われているが、どうしたらよいか」と尋ねる。
2）家族には会議の終了時間を告げ、「終わりしだい、すぐにご連絡します」と言う。
3）家族に「会議中だが、すぐに知らせてみるので待ってもらえないか」と言う。
4）家族から詳しい内容を聞いておき、「会議が終わったらすぐに上司に知らせる」と言う。
5）家族から詳しい内容を聞き、その内容によってはすぐに上司に知らせる。

【職務知識】

8 次は秘書A子が、上司の補佐業務を行ううえで心がけていることである。中から不適当と思われるものを一つ選べ。

1）上司の体調管理も仕事の一部であり、健康診断の受診や食事時間に気を遣う必要がある。
2）上司が不在のときは、上司の代わりをすることもあるが、あくまでも秘書としての職務の範囲内で行う。
3）上司の私的な所属団体や交際関係者については、個人的なことなのであえて知る必要はない。
4）上司より先に帰る場合は、用はないか上司に確認をしてから帰るようにしている。
5）上司の指示のもとに仕事は行うが、日常的な電話応対や文書管理などは自分の判断で行っている。

9 秘書A子は取引先の支店長秘書から、支店長は今度海外へ赴任することになったと聞いた。そこでA子が上司に報告するために支店長秘書に尋ねたことである。中から不適当と思われるものを一つ選べ。

1）海外への転出日
2）赴任地の連絡先、役職名
3）赴任地の規模
4）後任者の名前
5）後任者の着任日

10 次は秘書A子が、上司の多忙さを軽減するために心がけていることである。中から不適当と思われるものを一つ選べ。

1）すぐでなくともよい簡単な結果報告などは、まとめてあとで行うようにしている。
2）面談の申し込みは用件を尋ね、代理でもすみそうなことは、上司に確認し、代理の人にお願いしている。
3）上司が返事を書かなくてはいけない文書などは、上司の指示を仰ぎながら、できるだけA子が代わって書いている。
4）上司が集中して仕事ができるように、社内の電話はなるべくこちらから連絡すると言っている。
5）特に来客が集中したときは、上司の手を煩わせることがないよう、予約のない来客はA子が対応している。

11 次は秘書A子が、日頃行っていることである。中から<u>不適当</u>と思われるものを一つ選べ。

1）上司が予定にない外出をしようとしたので、「どちらにお出かけですか」と外出先を確認した。
2）上司が不在のときの面談予約は、相手の希望日時を二三尋ね、後ほど連絡すると言う。
3）上司が不在のときにあった社内からの電話は、相手によっては帰社時間を伝え、かけ直してほしいとお願いしている。
4）上司が不在のときの来客は、用件により代理の者でもよいか尋ねている。
5）上司が不在のときの日程変更は、代理でもかまわないか上司に確認してから対応している。

12 秘書A子の上司は出張でM支社に行っている。次は、この出張中にあったことへのA子の対応である。中から<u>不適当</u>と思われるものを一つ選べ。

1）取引先から急いで確認したいことがあると電話があったので、内容を尋ね、こちらから連絡をすると言った。
2）上司の家族が急ぎで連絡を取りたいということなので、M支社の電話番号を教え直接かけてもらった。
3）上司の友人からの紹介状を持ってきた客に、出張中なので後日改めて連絡すると言い、紹介状を預かった。
4）常務から、上司に会わせたい人がいるとの電話が入ったので、出張中と伝え、A子が出向いて名刺を預かった。
5）専務が上司に貸した資料が必要になったと言ってきたので、上司の机の上にあった資料を専務に返した。

【一般知識】

13 次の用語の説明の中から不適当と思われるものを一つ選べ。

1）「印税」とは、書籍などの著作者にかかる所得税のこと。
2）「間接税」とは、消費税のように、税を負担する人と納税する人が違う税金のこと。
3）「累進課税」とは、所得が多くなるほど税率が高くなる課税方式のこと。
4）「固定資産税」とは、土地や建物などにかかる税金のこと。
5）「社債」とは、株式会社が資金調達のために発行する債券のこと。

14 次は、関係のある用語の組み合わせである。中から不適当と思われるものを一つ選べ。

1）株式会社 ── 定款
2）福利厚生 ── 賞与
3）就業規則 ── 休日
4）人事考課 ── 査定
5）年功序列 ── 年齢

15 次は、用語とその意味の組み合わせである。中から不適当と思われるものを一つ選べ。

1) クライアント　　　　　＝　依頼者
2) コンサルテーション　　＝　相談
3) サゼスチョン　　　　　＝　示唆
4) ラジカル　　　　　　　＝　急進的な
5) リスクマネジメント　　＝　苦情処理

【マナー・接遇】

16 秘書A子は企画部長である上司の支店への出張に同行した。次は、その出張先の懇親会でのことである。A子の態度として不適当と思われるものを一つ選べ。

1) 懇親会が始まる前に、上司の食べ物や飲み物の好みを支店の幹事役に伝えた。
2) 支店の人たちと電話でしか話したことがなかったので、なるべく多くの人と話すようにした。
3) 懇親会の会場では、上司は上座に座ったが、A子は上司が見える入口近くの席に座った。
4) 懇親会では頃合いを見て、日頃お世話になっているお礼を言いながら飲み物をついで回った。
5) 上司は二次会に行くというので、明日の資料の件と宿泊先を伝え、A子は先に帰った。

17 次は秘書A子が、後輩秘書B子に指導したことである。中から不適当と思われるものを一つ選べ。

1）上司から以前、同じような指示を受けたように思っても、違う部分があるかもしれないので最後まで注意して聞くようにする。
2）自分が適任とは思えない指示を受けた場合は、「私でもよろしいでしょうか」と確認してもよい。
3）上司から指示を受けるときは、特に日時や数量といった数字には注意してメモを取り、上司に見せて確認してもらうとよい。
4）いくつかの指示を同時に受けた場合は、それぞれの期限を確認し、自分で優先順位をつけてから取りかかる。
5）指示の途中でよく理解できない部分があったら、そのつど区切りで確認をしながら聞くこと。

18 次は秘書A子が、電話応対で心がけていることである。中から不適当と思われるものを一つ選べ。

1）かけ直してもらった電話のタイミングが悪く、また名指し人が電話中のときは、お詫びとともに、こちらからかけ直すように言っている。
2）相手の声が聞き取りにくいときは、「お電話が遠いようでございます」と言っている。
3）名指し人が別の電話に出ているときは、理由を言って用件を尋ね、自分が代わって対応すると言う。
4）相手が不在で伝言を頼むときは、用件とともに自分の会社名、所属、名前、電話番号を必ず伝えている。
5）電話は顔が見えなくとも、態度が伝わるので、話すときの態度も気をつけるようにしている。

19 次は秘書A子が、新人秘書B子に指導したことである。中から不適当と思われるものを一つ選べ。

1）上司から用事を頼まれて外出するときは、「ほかにご用はございませんでしょうか」と確認してから出かけること。
2）上司から何か頼まれたら、まずは必ず「承知いたしました」「かしこまりました」という返事をすること。
3）上司の指示で来客を迎えるときは「いらっしゃいませ」と言い、立ち止まってからお辞儀をすること。
4）上司に報告をするときは、最後に「何かご不明な点はございますでしょうか」と尋ねること。
5）上司が不在のときに不意に訪ねてきた客には、上司の戻り時間を伝え「いかがなさいますか」と尋ねること。

20 秘書A子が予定どおり来訪した予約客を案内しようとしたら、取引先のM氏が転勤の挨拶に訪れた。このような場合、A子はどのように対応すればよいか。中から適当と思われるものを一つ選べ。

1）予約客を受付で待たせ、M氏を上司のところに案内し、挨拶が終わったら予約客を応接室に通す。
2）受付に上司を呼び、M氏との挨拶をすませてもらい、その後、予約客とともに応接室に入ってもらう。
3）M氏に、予約客があるので挨拶はむずかしいと伝えて出直してもらい、予約客を応接室に通す。
4）予約客を応接室に通し、M氏にはどうするか尋ね、それによって上司に取り次ぐ。
5）M氏に受付で待ってもらい、予約客を応接室に通して少し待ってもらうように話し、M氏を上司に取り次ぐ。

21 秘書A子は、先輩秘書C子の結婚披露宴に上司や同僚とともに出席した。このような場合、A子はどのような態度で臨めばよいか。中から不適当と思われるものを一つ選べ。

1）C子の家族や親戚の人はもちろん、会う人には、「本日はおめでとうございます」というお祝いの言葉で挨拶した。
2）上司や同僚とは同じテーブルだったので、仕事に関する話題も気軽に話した。
3）C子の家族や親戚の人には、お祝いの言葉とともに、後輩としていつもお世話になっているというお礼の言葉も述べた。
4）披露宴は華やかな場なので、普段の仕事のときとは違った言葉遣いで周囲と歓談するようにした。
5）披露宴という華やいだ場であっても、上司や同僚に対しては節度のある態度で接した。

22 秘書A子は、取引先の常務が亡くなったとの連絡を受け、上司から葬儀への準備と手配をしてほしいと頼まれた。このような場合、A子はどのように対応すればよいか。中から不適当と思われるものを一つ選べ。

1）通夜、告別式の日時と場所、葬儀の形式を調べた。
2）電報を打つ準備をするため、喪主の氏名を確認した。
3）社内の関係者に知らせ、参列者はA子に連絡するようにした。
4）仏式とのことなので、香典や生花の準備をした。
5）手配した内容を上司に報告し、確認をとった。

23 次は、秘書A子が書いた祝儀袋などの上書きである。中から不適当と思われるものを一つ選べ。

1）「御餞別」—— 転勤する人へ
2）「御霊前」—— 葬儀のとき
3）「御奉納」—— 神社の祭礼のとき
4）「寿」—— 事務所開きのお祝い
5）「御祝」—— 栄転する人へ

24 次の「　」内は秘書A子の、来客に対する言葉遣いである。中から不適当と思われるものを一つ選べ。

1）相手が気遣ってくれたとき
　「お気遣いをいただきまして、ありがとうございます」
2）十分な対応ができなかったとき
　「あしからずご容赦ください」
3）お世話になったので礼を伝えたいと言われたとき
　「お礼など、とんでもないことでございます」
4）気に入ってもらえたか心配なとき
　「お気に召していただけましたでしょうか」
5）相手の希望どおりにできなかったとき
　「ご意向に添えず申し訳ございません」

【技能】

25 次は、手紙などを書くときの時候の言葉と、その月の組み合わせである。中から不適当と思われるものを一つ選べ。

1）向暑の候 —— 7月
2）初春の候 —— 1月
3）歳晩の候 —— 12月
4）早春の候 —— 3月
5）初秋の候 —— 9月

26 次は、用語とその説明の組み合わせである。中から不適当と思われるものを一つ選べ。

1）再版 —— すでに発行されている本を、同じ形で再び発行すること
2）落丁 —— ページが抜け落ちていること
3）奥付 —— 本の終わりにある著者名、発行所名などが載っている部分のこと
4）校正 —— 下書きなどを清書すること
5）改訂 —— 最初の発行後、内容を一部改め直すこと

27 次の「　」内は秘書A子が、総務部長である上司のスケジュール表に書いたことである。中から不適当と思われるものを一つ選べ。

1）E工場視察のため自宅から直接向かい、直接帰宅することを「E工場視察直行直帰」
2）人事部の人事計画会議に関係部署代表として出ることを「人事計画会議招集」
3）M氏との面談後、専務も加わった食事会のことを「M氏来社会食専務同席」
4）業界団体主催のD会ゴルフコンペに出場することを「D会ゴルフコンペ参加」
5）G社会長の告別式に出席することを「G社会長告別式参列」

28 次の「　」内は秘書A子が、手紙や文書に書いたことである。中から不適当と思われるものを一つ選べ。

1）面識のない取引先担当者への文書
　「拝啓　晩秋の候、貴社におかれましてはますますご発展のこととお喜び申し上げます」
2）上司の知人宛てに代筆した手紙
　「拝啓　寒さが一段と厳しい季節となりましたが、その後ご壮健にお過ごしでしょうか」
3）取引先への見舞状
　「前略　昨日の新聞で台風の被害があったことを知り、大変驚いております」
4）取引先へFAX番号変更を知らせる通知状
　「拝啓　新緑の候、貴社ますますご隆盛のこととお喜び申し上げます」
5）取引先への礼状
　「拝啓　陽春の候、時下ますますご隆盛のこととお喜び申し上げます」

29 秘書A子は上司から「秘」扱いの資料を渡された。コピーをして、各部長に配付するようにとの指示である。中から適当と思われるものを一つ選べ。

1）「親展」の印を押し、部長名を記した封筒に入れて渡し、文書受渡簿に受領印を押してもらう。
2）各部長に先に電話で「秘」扱いの資料を持っていくと連絡をし、直接手渡しをする。
3）二重封筒で中が見えないようにし、手渡しをするか、不在の部長には机の上にメモとともに置いて帰る。
4）「秘」扱いの資料なので、各部長に電話連絡をし、A子のところに取りにきてもらう。
5）二重封筒で中が見えないようにし、手渡しするときに「秘」扱いの資料だと口頭で伝える。

30 次は秘書A子が、上司に関する受発信業務について行っていることである。中から不適当と思われるものを一つ選べ。

1）上司が待っていた書留郵便だったので、ほかの郵便物とは別に、急いで手渡しをした。
2）上司宛ての郵便物は公信には目を通し、上司と直接関係のないものは、関係部署に回している。
3）上司から、所属する団体に会費を振り込むようにと手続き書類を渡されたので、振込みの期限を確認した。
4）上司から、出張中のお礼状を略式でよいので出しておいてほしいと言われたので、はがきで出した。
5）上司にはDMがたくさん届くが、上司の関心のありそうなものだけを開封して渡している。

31 次は、社内文書の書き方について述べたものである。中から適当と思われるものを一つ選べ。

1）説明が不十分にならないように、なるべく箇条書きは避ける。
2）文体は「です・ます調」より、指示的な「である」の表現がよい。
3）受発信者名は職名だけで、個人名は書かなくてもよい。
4）頭語は「前略」、結語は「草々」が一般的である。
5）担当の連絡先は部署のメールアドレスだけでよい。

【マナー・接遇】

32 秘書A子が後輩に指導した言葉遣いである。次の場合、「すみません」以外の言葉で何と言うか。その言葉を「　　」内に答えなさい。

1）上司への報告を忘れていて、お詫びを言うとき
「　　　　　　　　　　」「　　　　　　　　　　　　」
2）来客から手土産をもらってお礼を言うとき
「　　　　　　　　　　」「　　　　　　　　　　　　」
3）訪問先の受付で人を呼ぶとき
「　　　　　　　　　　」「　　　　　　　　　　　　」

33 上司が外出中に、取引先の人が相談したいことができたと言って急に訪れた。上司はあと30分ほどで戻る予定で、そのあとは席にいる予定である。このような場合に考えられる秘書としての対応を、箇条書きで三つ答えなさい。

① _____

② _____

③ _____

【技能】

34 次は、9月に会社宛てに出した社交文書の **1**）前文 と **2**）末文 である。文中の不適切な部分に下線を引き、その下に正しく記述しなさい。

1）拝啓　初秋の候、貴社ますますご健勝のこととお喜び申し上げます。

_____

2）まずはとりもなおさず、書面をもってご挨拶申し上げます。

_____

35 次の表は、製品別売上高の前年度比伸び率の推移を示したものである。これを見やすいグラフにしなさい（定規を使わなくてもよい）。

製品＼年度	平成21	平成22	平成23	平成24
家電製品	1.0%	1.5%	3.0%	0.5%
映像製品	－2.0%	1.5%	－0.5%	2.0%

第1回　模擬テスト　解答と解説

1 × 1

1）「上司から取り次がないように言われている」と、秘書が正直に言ってしまうのは不適当な対応。

2 × 5

5）職位や年齢が離れている場合、その差を埋めてくれるのが敬語である。よって、先輩であっても同じような言葉遣いをしてよいわけではない。仕事中、先輩秘書には敬語を使う。

3 × 2

2）秘書として終了の予定時間を知っておくことは必要だが、議長にまで確認する必要はない。

4 × 4

4）いちいち上司に詳しく尋ねていたら上司は仕事にならない。A子がB子にしっかり引き継ぎを行えば、このようなことにはならない。

5 × 4

4）自分が機敏に行動することは自分が仕事をするうえでのこと。それを課全体ならまだしも、上司にまで及ぼそうとするのは、行きすぎた考え方なので不適当。

6 × 2

2）発言をしている人がいた場合は、動くとじゃまになる。ましてや小声であっても話しかけるような行動は不適当。

7 ○ 3

1）親戚の不幸に対し、「取り次がないようにと言われている」と言うのは秘書として不適当な対応である。
2）親戚の不幸に対し、「終わりしだい」では対応になっていない。
4）親戚の不幸に対し、会議が終わってからでは対応が間に合わない場合もある。急いで対応すべきである。
5）親戚の不幸に対し、詳しく聞くのは行きすぎであり、それによって判断するような行為は不適当である。

8 ✗ 3

3）上司の私的な所属団体や交際関係者でも、どこかが仕事に関係している場合が多い。まったく個人的なことは別だが、できるだけ知っておくほうがよい。

9 ✗ 3

3）規模を聞いてもあまり意味がない。

10 ✗ 5

5）いくら上司の手を煩わせないためとはいえ、上司に成り代わった来客への対応は不適当で行ってはいけない。

11 ✗ 1

1）上司に声をかけることは必要だが、「どちらに」と詮索するように聞くのではなく、「何時頃お戻りですか」と時間だけ確認するのがふさわしい声のかけ方である。

12 ✗ 2

2）このような場合は、A子が中に入りうまく上司と連絡をつけ、家族に電話できるようにする対応が適当である。仕事関係者以外の人間がM支社に直接電話することは好ましくない。

13 ✗ 1

1）印税とは、書籍などの発行部数や定価に応じて、発行者が著者に支払う著作権使用料のこと。

14 ✗ 2

2）福利厚生とは、企業側が従業員のために、保険、住宅、貯蓄、保養などを提供することである。

15 ✗ 5

5）リスクマネジメントとは、危機管理手法のことである。

16 ✕ **1**

1）支店側で料理の内容など予算も考えて準備したのだろうから、招かれた側が口を出すことではない。

17 ✕ **3**

3）数字に注意するのはよいが、それを上司に見せて確認してもらうようでは、そもそも秘書はいらないことになってしまうので不適当である。

18 ✕ **3**

3）理由を言って用件を尋ねることはよいとしても、相手も名指し人と話をしたいのだから、勝手な判断で自分が対応してはいけない。

19 ✕ **5**

5）客に尋ねるのではなく、こちらが何らかのかたちで対処しなくてはならない。伝言を預かる、再訪問の候補日を聞き後で連絡する、代理の者でどうかと尋ねる、などの対応が必要である。

20 ○ **5**

1）予約客を待たせては、予約の意味がなくなってしまう。
2）受付に上司を呼び出し、上司が対応するのであれば、秘書はいらないことになる。
3）一般的に転勤などの挨拶は予約なしでもよいと言われているので、これでは対応になっていない。
4）転勤の挨拶は短時間ですむので、対応するのが一般的である。

21 ✕ **2**

2）たとえ同じテーブルでも、ここは披露宴というお祝いの席である。よって、それにふさわしい話題が好ましい。仕事の話は別の場所ですべきである。

22 ✕ **3**

3）特別に上司の指示がない限り、A子に連絡する必要はない。

23 ✕ **4**

4）「寿」は出産か結婚、賀寿の場合だけである。「開業御祝」などの上書きが好ましい。

24 ✕ **2**

2）「あしからず」は「悪く思わないでくれ」という意味なので不適当。この場合は「大変申し訳ございませんでした」が適当。

25 ✕ **1**

1）「向暑の候」は5月から6月の時候を表す言葉である。7月は「盛夏」「猛暑」がふさわしい。

26 ✕ **4**

4）「校正」とは、原稿と試し刷りを照らし合わせ、文字や体裁などの誤りを正すこと。

27 ✕ **2**

2）「招集」とは、会議開催のためにメンバーを集めることである。上司は集める側ではなく参加する側なので、この場合は「会議出席」でよい。

28 ✕ **5**

5）「時下」はどの季節でも使える挨拶だが、「この頃」という意味なので、時候の挨拶である「陽春の候」と両方書くのは不適当。

29 ◯ **1**

2）在席確認の電話をするならわかるが、「秘」扱いの資料を持っていくなどと言うのは不適当。
3）二重封筒にするのはよいとして、不在の場合は出直すのが適当。たとえメモをつけても置いてきてはいけない。
4）秘書として、上位者である部長に取りにこさせるような行為は不適当。
5）二重封筒にするのはよいとして、「秘」扱いの資料だと口頭で伝えることがそもそも不適当。

30 ✕ 3

3）振込み期限は書類に書いてあるだろうから、そのようなことをいちいち上司に確認しない。

31 ○ 3

1）社内文書は簡潔にわかりやすく書かなくてはならないので、箇条書きが一般的である。
2）文体は「です・ます調」が一般的である。
4）頭語や結語はいらない。結論から書く。
5）担当者名、内線番号、メールアドレスを書くのが一般的である。

32
1）「申し訳ございませんでした」「失礼いたしました」
2）「ありがとうございます」「恐れ入ります」
3）「お願いいたします」「失礼いたします」

33
① お待ちいただけるようであれば、上司が戻るまで待ってもらう
② 代理の者でもよければ、会ってもらう
③ 30分後に改めて来てもらう

34
1）拝敬　初秋の候、貴社ますますご健勝のこととお喜び申し上げます。
　　拝啓　　　　　　　　　　ご隆盛・ご発展
2）まずはとりもなおさず、書面をもってご挨拶申し上げます。
　　　　　　とりあえず・略儀ながら　書中

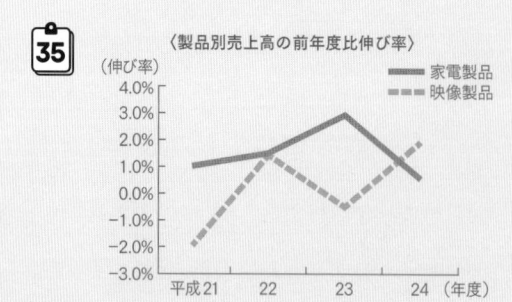

35
〈製品別売上高の前年度比伸び率〉

① 「推移」なので折れ線グラフが適切
② 実線と点線などで区別する
③ タイトルを記載する
④ 単位、年度を記載する

第2回 模擬テスト（2・3級対応）

【必要とされる資質】

1 A子は初めて秘書課に配属された。次は、A子が秘書業務を行ううえで考えたことである。中から不適当と思われるものを一つ選べ。

1）秘書は上司のまわりの人とも接して仕事をするのだから、その人からの信頼も得られるように振る舞わなければならないと考えた。
2）秘書は上司の健康面も補佐するのが仕事だから、上司の体調や疲れ具合などにも気を遣う必要があると考えた。
3）秘書の仕事は人柄が反映するので、上司はもちろんのこと、まわりの人からも人柄がよいと言われるようにならなければと考えた。
4）秘書は上司のあらゆる世話をするのが仕事になるのだから、秘書自身の性格についても上司に理解してもらうことが大事だと考えた。
5）秘書の仕事は上司の仕事をやりやすくするためのものだから、上司の好みや仕事のやり方を理解し、それに合わせるようにしなければと考えた。

【マナー・接遇】

2 次は、秘書A子が電話応対で行っていることである。中から不適当と思われるものを一つ選べ。

1）すぐに答えられないことを尋ねられたら、待ってもらうより、調べてからあとで自分からかけ直すのがよい。
2）通話中に電話が途中で切れた場合、相手からの電話であれば、かかってくるのを少し待つのがよい。
3）電話の途中で他部署が担当の用件とわかったときは、話の途中でも相手に断ってすぐに回すほうがよい。
4）上司宛ての電話に上司がすぐに出られないときは謝り、しばらくたってからかけ直してもらうほうがよい。
5）相手に伝言を頼んだ場合は、最初に名乗っていても最後にもう一度名乗ったほうがよい。

【技能】

3 次は、物の数え方である。「　」部分が不適当と思われるものを中から一つ選べ。

1) エレベーターは、機械のことは「○台」というが、お客さまを案内するような場合は「○個」という。
2) 電話は、機械のことは「○台」というが、かけたり取ったりするときは「○本」という。
3) 食事をするテーブルは「○卓」というが、いすは「○脚」という。
4) 新聞は、種類のことは「○紙」というが、数量をいうときは「○部」という。
5) 未使用のはがきや封筒は「○枚」というが、届いたものを指すときは「○通」という。

【必要とされる資質】

4 秘書A子が上司と親しい取引先の常務にお茶を出したら、「営業部長が異動されると聞いたが本当か」と尋ねられた。営業部長の異動は来週公表される予定で、S支社勤務になることを課員は皆知っている。このような場合、A子は取引先の常務にどのように言うのがよいか。中から不適当と思われるものを一つ選べ。

1) 上司と親しい取引先の人であっても、異動は社内のことなので「よくご存じですね」とだけ言う。
2) 課員の皆が知っているし、来週公表されるのだから「正式発表は来週になりますが、S支社になるそうです」と言う。
3) まだ公表されていないのだから「近々公表されると思います」とだけ言う。
4) 本当かと聞かれているのだから、うそを言うわけにもいかないので「そのようですね」とだけ言う。
5) 上司と親しい取引先の常務なのだから「○○（上司）は何も申しておりませんでしたでしょうか」と言う。

5 秘書A子の上司は会議に入り、電話は取り次がないようにとの指示であった。そこに上司の友人が電話で「すぐに知らせたいことがある」と言ってきた。このような場合、A子は友人にどのように言うのがよいか。中から不適当と思われるものを一つ選べ。

1) 上司は会議中で、電話に出ることはむずかしいと思うが、少し待ってもらえるかと言い、上司に知らせ指示を仰ぐ。
2) 上司は会議中なので、どれくらいの時間が必要かと尋ね少し待ってもらい、上司に知らせ指示を仰ぐ。
3) 上司は会議中で、電話は取り次がないように言われているが、メモを入れてみるので待ってほしいと言う。
4) 上司は会議中で、電話は取り次がないように言われているが、聞いてみてかけ直すと言い、連絡先を尋ねる。
5) 上司は会議中で、電話は取り次がないようにとの指示なので無理だと言い、会議の終了時間を伝える。

6 部長秘書A子は、上司が出かける際「企画課長にS社への提案書を作成しておくように伝えてほしい」と言われた。A子が企画課に行くと、課長は不在だった。このような場合、A子はどのようにすればよいか。中から適当と思われるものを一つ選べ。

1) 部長の指示なのだから、課長が戻ったらA子のところに来てほしいと伝言メモを残して帰る。
2) 課長でなくても、だれかに作成してもらえばよいのだから、部長からの指示と言い、課員の人に作成をお願いする。
3) 頼まれたのはA子なのだから、課長が戻るのを待って課長のところに行き、直接伝える。
4) 部長の指示が課長に伝わればよいのだから、あとから電話で部長からの指示を課長に伝える。
5) 提案書の作成は、課長は係長に指示するだろうから、係長に作成をお願いしてくる。

7 秘書Ａ子の上司は取引先との商談がうまくいき、予定より早く戻ってきた。次はこのあと、Ａ子が行ったことである。中から不適当と思われるものを一つ選べ。

1）この商談の準備で数日間は上司も大変だったので、早めに退社できるよう、次の部内の打ち合わせ時間を早めようかと言った。
2）商談の準備を優先するため、稟議書(りんぎ)の決裁を待ってもらっていたので、疲れているのに申し訳ないと言って処理をしてもらった。
3）商談のことは常務も気にしていたので、常務の秘書に結果を電話で連絡しようかと言った。
4）上司の外出中に、商談の結果を心配した営業部長から電話があったので、営業部長に電話をしてもらった。
5）欠席と連絡をした社内会議に間に合いそうなので、出席するなら資料をすぐ準備すると言った。

【職務知識】

8 秘書Ａ子は上司から清書してほしいと言われた。清書していると表現がおかしいと思われる箇所があった。このような場合、Ａ子はどのようにすればよいか。中から適当と思われるものを一つ選べ。

1）確かに表現はおかしいのだから、上司には何も言わず、だまって直しておく。
2）上司に、おかしいと思われる箇所があるが、これでよいかと確かめた。
3）確かに表現はおかしいけれども、上司からは清書するようにとだけ言われたのだから、そのままにしておく。
4）このまま清書し、念のためにおかしいと思われる箇所に付箋をつけておく。
5）上司に、おかしいと思われる箇所があったので、こちらであらかじめ直しておいたと言う。

9 秘書A子は後輩秘書B子に、上司が本来の仕事に専念できるような手助けについて教えた。中から不適当と思われるものを一つ選べ。

1）秘書のイメージは上司のイメージにつながるので、好感の持てる振る舞いが大切である。
2）上司が不在でも、まわりの人が困らないように動くことが秘書として大切である。
3）上司の私的な用事も仕事に関係する場合もあるので、秘書の仕事に含まれる。
4）上司から君に任せると言われても、自分で判断せず、ひとつひとつ上司に確認をすること。
5）上司の指示がなくても、日常的な仕事はできるようにすること。

10 秘書A子に上司である専務から、事故渋滞で出社が9時半頃になると連絡が入った。専務が出社するまで、A子はどのように対応すべきか。中から不適当と思われるものを一つ選べ。

1）保留になっていた取引先との面談時間の問合せがあり、返事を急ぐと言われたので、とりあえず予定していた時間で予約を入れた。
2）9時の約束で訪れた客には、事情を話しお詫びをし、待ってもらえるかと尋ねた。
3）10時から予定されている人事部主催の会議担当者に、事情を話しどのようにしたらよいか尋ねた。
4）急ぎの稟議書を持ってきた営業部長に、事情を話し預かっておき、決裁が下りたらA子が持っていくと伝えた。
5）専務はいるかと社長秘書から電話があったので、事情を話しどのようにしたらよいか尋ねた。

11 秘書A子の上司が代わった。次はA子が、前上司のときと補佐のやり方を変えていることである。中から不適当と思われるものを一つ選べ。

1）前上司はスケジュールを余裕を持って組んでいたが、新上司は効率を優先して組むので、それに合わせている。
2）前上司と親しく、A子もよく知っている取引先の人と新上司が会うときは、親しいそぶりは見せないようにする。
3）新上司は始業時間よりもかなり早めに来るので、A子も出社時間を早めている。
4）新上司は食事時間や体調管理を自分で決めたいタイプなので、A子は細かいことにあまり口を出さないようにしている。
5）新上司は指示があるときは、自分からA子のところに来るので、自席で立って指示を受けるようにしている。

12 取引先のS氏は約束の時間に遅れて訪れ、急な電話が入ったと謝罪した。次はA子が、S氏への対応として行ったことである。中から不適当と思われるものを一つ選べ。

1）S氏には、気にしないでほしいと言い、すぐに上司に取り次いだ。
2）S氏には待ってもらい、上司には遅れて来たが取り次いでよいかと聞いた。
3）S氏に遅れた理由を私から上司に伝えておくと言い、上司に取り次いだ。
4）S氏をすぐに応接室に通し、上司には特に遅れた理由を伝えずに取り次いだ。
5）S氏をすぐに応接室に通し、上司には遅れた理由を伝えて取り次いだ。

【一般知識】

13 次の用語の説明の中から<u>不適当</u>と思われるものを一つ選べ。

1）「損益分岐点」────利益の発生と損失の発生の分かれ目となる売上高のこと
2）「定款」────会社の経営方針を定めたもの
3）「監査」────会社などの業務や会計を監督し検査すること
4）「登記」────身分や不動産の権利を登記所の帳簿に記載すること
5）「上場企業」────発行株式が証券取引所で売買取引されている会社のこと

14 次の「　　」内はどの用語の説明か。中から適当と思われるものを一つ選べ。
「企業の財務状態を明らかにするために決算日の資産、負債、資本の状態を明らかにしたもの」

1）監査報告書
2）損益計算書
3）貸借対照表
4）年度計画書
5）財産目録

15 次は、略語とその正式名称の組み合わせである。中から不適当と思われるものを一つ選べ。

1）労災保険　＝　労働者災害保険
2）GPS　　　＝　全地球測位システム
3）産休　　　＝　産前産後休業
4）TPP　　　＝　環太平洋資金援助
5）公取委　　＝　公正取引委員会

【マナー・接遇】

16 次は秘書A子が、先輩から後輩への注意の仕方について教えられたことである。中から不適当と思われるものを一つ選べ。

1）ほかの人の意見を参考にするのもよいが、注意するときは、最後まで自分が責任を持って本人に接するようにする。
2）うわさになっているようなことを注意するときは、それが事実かどうか確かめてからにする。
3）注意をするときは、あれもこれも言わずに、なるべく一つのことに絞って注意するのがよい。
4）ミスの多い後輩には、本人の自覚を促すために、小さなミスには触れずに、大きなミスだけを注意するのがよい。
5）注意して納得がいかないという顔をされたら、どの部分が納得がいかないのか尋ね、話してもらうのがよい。

17 次は秘書A子が、職場でまわりの人とよい関係を築くために行っていることである。中から不適当と思われるものを一つ選べ。

1）後輩秘書に対し、A子は指導的な立場でもあるので、上司が部下に指示するような話し方を心がけている。
2）休憩室などで他部署の同僚と世間話をするときは、くだけた話し方をするようにしている。
3）上司や先輩秘書など、A子よりも目上の人には、より意識して敬語を多く使うようにしている。
4）同じ秘書課で仲のよい課員でも、仕事中はなれなれしい話し方をしないよう心がけている。
5）よく上司のところに顔を見せる客でも、いつでも来客として改まった口調で話すようにしている。

18 上司の山田宛てにS氏から電話がかかってきた。S氏は上司が業界団体の会合で知り合った人で、先日上司からS氏の名刺を預かり、整理しておくようにと言われた。このような場合A子は、「S様でいらっしゃいますね」と言ったあと、何と言って対応するのがよいか。中から適当と思われるものを一つ選べ。

1）「山田からお名前は聞いております。私、秘書のA子と申します」
2）「山田から名刺を預かっております。私、秘書のA子と申します」
3）「先日は山田がお世話になりまして、ありがとうございました」
4）「お名刺で、お名前、存じ上げております」
5）「先日の会合では名刺を交換させていただき、ありがとうございました」

19 次は、秘書A子の来訪者に対する言葉遣いである。中から不適当と思われるものを一つ選べ。

1）上司との面談がすんで帰る客に
「本日はわざわざお越しいただきまして、ありがとうございました」
2）名乗らない訪問者に
「失礼ではございますが、どちら様でいらっしゃいますか」
3）お歳暮を届けにきた取引先の秘書に
「わざわざお寒い中、お越しくださいまして、恐縮でございます」
4）上司が外出中、上司の知人が訪ねてきて
「ただ今、外出されていますので、いかがいたしましょうか」
5）予約客が来たので
「お待ちいたしておりました。どうぞこちらへ」

20 秘書A子が上司の指示を受けているときに、自分の机の外線電話が鳴った。次はそれに対し、A子が順に行った対応である。中から不適当と思われるものを一つ選べ。

1）「外線ですので、失礼いたします」と上司に断って電話に出た。
2）電話は取引先からA子への電話だったが、急ぐ用件ではなかったので、あとでかけ直すと言った。
3）電話を切ってから、上司に「失礼いたしました」と言い、指示を続けてもらった。
4）指示の続きを受けていたら、上司の内線電話が鳴ったので、A子が出て「今、手が離せませんのでかけ直します」と言った。
5）上司からの指示を受け終えたあと、取引先に電話をし、先ほどは失礼したと言って、用件を処理した。

21 次は、秘書A子が来訪者を上司に取り次ぐときに行ったことである。中から不適当と思われるものを一つ選べ。

1）初めての来客に「名刺をお預かりしてもよろしいでしょうか」と言い、名刺をもらってから上司に取り次いでいる。
2）紹介状を持ってきた来客には「拝見いたします」と言って、中身を確認してから上司に取り次いでいる。
3）予約がない来客は顔見知りであっても、用件を聞き上司に伝え、上司の指示に従って対応している。
4）初めての来客でも予約がある場合は「○○様でいらっしゃいますね」とA子から名前を言って対応している。
5）電話中に来客があったら、軽く会釈をし、手でいすを示し、電話が終わるまで座って待っていてもらう。

22 次は秘書A子が、上司の指示で取引先の立食形式の祝賀パーティーに参加するときに行ったことである。中から不適当と思われるものを一つ選べ。

1）立食形式のパーティーは歓談が目的だが、飲み物は相手のグラスが空いている場合だけ、つぐようにする。
2）立食形式のパーティーでは、料理は一度にたくさん盛らず、少しずつ数回に分けてお皿に取るようにする。
3）立食形式のパーティーでは、立ったままでいいので、なるべくまわりの人と歓談するように心がける。
4）立食形式のパーティーでは、壁際にいすが用意されているが、長く座っての飲食はしないようにする。
5）立食形式のパーティーでは、食事台から料理を取ったら、別のテーブルや場所に移動してから飲食する。

23 次は、秘書Ａ子が仏式の葬儀に参列するときのマナーである。中から不適当と思われるものを一つ選べ。

1）服装は黒で統一し、光るアクセサリーは避け、真珠の一連のネックレスのみにする。
2）受付では「このたびはご愁傷さまでした」と言ってから香典を差し出し、記帳する。
3）焼香は親族に一礼してから祭壇に一礼し、香をつまんで香炉に入れ、二拍手一礼をして戻る。
4）参列中は顔見知りの人がいても談笑はせずに、必要なことは小声で話す。
5）葬儀が終わり、出棺を見送ることができない場合でも、あえてそのことは言わずに帰ってもよい。

24 次は、秘書Ａ子が贈答のときに行っていることである。中から不適当と思われるものを一つ選べ。

1）取引先へのお中元は、人数を考え、皆で分けられる洋菓子の詰め合わせを贈った。
2）同僚が結婚することになったので、本人の希望を聞いて、課員全員で希望する品を贈った。
3）上司が接待でよく使う飲食店が新装開店したので、華やかなランの鉢植えを贈った。
4）地方の取引先の水害見舞に、「災害御見舞」として現金を贈った。
5）上司が出張先でお世話になった目上の人に対するお礼で、好みがわからなかったので金券を贈った。

【技能】

25 次は、ビジネス文書の書き方について述べたものである。中から不適当と思われるものを一つ選べ。

1）社内、社外を問わず、ビジネス文書の発信日には年を入れる。
2）横書きの文書では、どの数字も算用数字を使う。
3）社内、社外文書を問わず、原則は横書きだが、社交文書は内容によって縦書きにする。
4）社外文書では、宛て名が会社や団体の場合は「御中」とする。
5）社内文書では、頭語や結語、時候の挨拶は省略される。

26 次は、郵送の方法について述べたものである。中から不適当と思われるものを一つ選べ。

1）アンケート用紙を300人に送るとき、回収率を考え、返信用封筒は「料金受取人払」とした。
2）役員交代の挨拶状を200社に送るとき、切手を貼る手間を省き「料金別納」にした。
3）災害に遭った地方の取引先に見舞金を送るとき、見舞状を添え「現金書留」とした。
4）締め切りが迫っている原稿を送るときは、「簡易書留」の速達にした。
5）A4判の文書を送るときは、三つ折りにし、定型最大の「通常郵便」とした。

27 次は秘書Ａ子が、上司に送られてきた招待状に出席として返信する場合の書き方である。中から不適当と思われるものを一つ選べ。

1）「ご出席」と書いてある箇所は、「ご」を二本線で消す。
2）「出席」に続けて、「させていただきます。」と書き加える。
3）「ご芳名」と書いてある箇所は、「ご」を二本線で消す。
4）「ご住所」と書いてある箇所は、「ご」を二本線で消す。
5）「ご欠席」と書いてある箇所は、二本線で全部を消す。

28 次は、手紙の慣用句とその意味である。中から不適当と思われるものを一つ選べ。

1）「ご笑納ください」──── つまらないものですが、納めてください
2）「ご放念ください」──── 心配なさらないでください
3）「ご引見ください」──── 会ってください
4）「ご査収ください」──── 調べて受け取ってください
5）「ご休心ください」──── 安静になさってください

29 次は秘書A子が、「秘」文書の取り扱いで行っていることである。中から不適当と思われるものを一つ選べ。

1）会議などで使う場合は、あとで回収するかどうか必ず上司に確認している。
2）急ぎで送る場合はファックスでよいが、本人に今から送るので、すぐに受け取ってほしいと電話している。
3）配付する場合は、一連の番号をつけ、配付先と名前を記録し、控えておく。
4）「秘」文書は、それとすぐにわかるように、「秘」の印を文書に必ず押している。
5）保管する場合は、一般の文書とは別にし、鍵のかかるキャビネットにしまっている。

30 次は秘書A子が、日頃行っている郵送方法である。中から不適当と思われるものを一つ選べ。

1）先輩への結婚祝いは、お祝い金が入った祝儀袋と課で書いたお祝い状も入っているので、「一般書留」で送った。
2）取引先から借りたDVDを返すので、「ゆうメール」で送った。
3）上司が急ぎの文書で、大切な書類だと言っていたので、「簡易書留」で「速達」にして送った。
4）全国の支店に50周年記念の書籍を送るので、全国一律料金の「レターパック」で送った。
5）上司から後輩に対し、世話になったお礼の商品券を送るので、「一般書留」で送った。

31 次は秘書A子が、上司の部屋の環境整備として行っていることである。中から不適当と思われるものを一つ選べ。

1）カレンダーが先月のままになっていたので、今月にしておいた。
2）雰囲気を変えるために、観葉植物の種類を変えようかと上司に提案した。
3）たまっていた古い雑誌を整理するときは、上司に仕分けてもらい、A子が廃棄した。
4）空調は夏、冬、春秋と適温があるので、気にかけて調整するようにしている。
5）湿度は年間を通じて50～60％に保っている。

【マナー・接遇】

32 秘書A子は、次のような来客に対し、どのように言って対応するのがよいか。下線部分に適切な言葉を書け。

1）忙しいところ、来てもらった客に
　　本日は　a＿＿＿＿＿＿＿＿＿＿＿＿　を　b＿＿＿＿＿＿＿＿＿＿＿＿
　　ありがとうございます。

2）客から先に、日頃のお礼を言われてしまった場合
　　とんでもないことでございます。　a＿＿＿＿＿＿＿＿＿＿＿＿　いつも
　　b＿＿＿＿＿＿＿＿＿＿＿＿。

3）上司の山本部長が待っていた客に
　　いらっしゃいませ。　a＿＿＿＿＿＿＿＿＿＿　が
　　b＿＿＿＿＿＿＿＿＿＿＿＿＿＿。

33 秘書Ａ子は、次のような来客に対し、どのように見送るのがよいか。（　　　）内に書け。

1）上司とともに受付で来客を見送るとき
　　（　　　　　　　　　　　　　　　）
2）エレベーターに乗る来客を見送るとき
　　（　　　　　　　　　　　　　　　）
3）車で来た客を見送るとき
　　（　　　　　　　　　　　　　　　）

【技能】

34 次のような手紙の場合、それぞれの頭語にふさわしい結語を（　　　）内に漢字で書け。

1）一般的な場合　　　　　拝啓 ──（　　　　　　　）
2）一般的な返信の場合　　拝復 ──（　　　　　　　）
3）特に丁寧な場合　　　　謹啓 ──（　　　　　　　）
4）略式の場合　　　　　　前略 ──（　　　　　　　）

35 秘書Ａ子は、上司から返信用のはがきを渡された。出張なので「欠席」で出しておいてほしいとのことである。

下のはがきに書け。

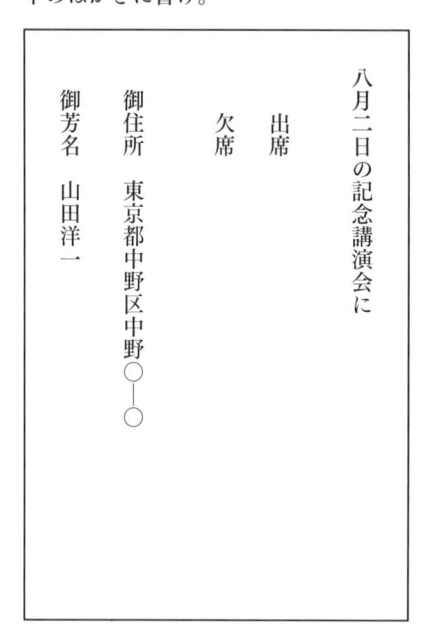

```
八月二日の記念講演会に
    出席
    欠席
 御住所  東京都中野区中野○－○
 御芳名  山田洋一
```

第2回　模擬テスト　解答と解説

1　✕　4

4）補佐をされる側である上司の性格を理解することが大切であり、補佐をする側（秘書）の性格を上司に理解してもらうといった考え方は逆であり、不適当である。

2　✕　4

4）すぐに出られない場合は謝り、こちらからかけ直すのが適当な対応である。

3　✕　1

1）お客様に対し、エレベーターの数をいうときは「1基」という。
　例：「節電の関係で、エレベーターが1基しか動いておりませんので、ご迷惑をおかけいたします」

4　✕　2

2）基本的に社内のことで特に人事に関することは、社外の人に口外してはならない。まだ公表されていないのだから、支社名まで言うのは行きすぎた発言である。

5　✕　5

5）取り次がないようにと言われているのは、あくまでも業務に関する電話なので、このような場合になんとか手立てを講じるのが秘書である。終了時間だけ伝えるのは不適当な対応である。

6　〇　3

1）自分が依頼された仕事なのに、課長を自分のところに来させるなどというのは、秘書として不適当な対応である。
2）簡単な仕事なら別だが、他部署の人に秘書が勝手に仕事を依頼してはいけない。
4）電話ですむのであれば、上司はわざわざA子に頼まない。よって電話ですますという対応は不適当。
5）簡単な仕事なら別だが、秘書が勝手に判断し、他部署の係長に仕事を依頼してはならない。

7 × 3

3)「常務も気にされていましたね。いかがいたしましょうか」くらいの尋ね方だったらよいが、電話をしようかとまで言うのは行きすぎていて不適当である。

8 ○ 2

1) 何も言わず、だまって直してはいけない。
3) A子なりにおかしいと思ったことを、そのままにしておくのもいけない。
4) 付箋をつけるぐらいならば、上司にきちんと確認をして清書すべきである。
5) A子が先回りして勝手に直してはいけない。

9 × 4

4) 上司が任せると言ったのは、上司が判断するまでもないことだからである。それをいちいち上司に確認していたのでは任せた意味がなくなってしまう。

10 × 1

1) 保留になっていた事情が解決したのなら別だが、それがわからないまま勝手に予定を決定してしまってはいけない。

11 × 2

2) A子が取引先の人と親しければ、新上司も仕事がやりやすいはずである。よってそれを隠す必要はない。

12 × 3

3) このような場合、A子は迅速に上司に取り次ぐことが大事。本人にこのように言うのは感じが悪いだけである。

13 × 2

2) 定款とは、会社の目的、組織、業務などの根本を定めた規則のことである。

14　○　3

3）このとおりで、「決算日」が重要である。損益計算書との違いは「一定期間」か「一定時点」かである。

15　×　4

4）「環太平洋パートナーシップ」もしくは「環太平洋経済連携協定」のこと。

16　×　4

4）ミスが多いということは、ミスがどのような事態を招くかという自覚が足りないのだから、ミスの大小にかかわらず、注意していくことが適当である。

17　×　1

1）上司と部下には明らかな命令系統が存在するが、先輩と後輩にはそれがない。したがって指示するような話し方は不適当である。

18　○　3

1）「お名前は聞いております」とあえて言う必要はない。自分を名乗らなくてよい。
2）「名刺を預かっております」とあえて言う必要はない。
4）このような言い方は秘書として不適当。
5）「名刺を交換させていただき」とあえて言う必要はない。

19　×　4

4）上司に「されて」という尊敬語は使わない。上司はこの場合、身内とし、「外出しております」が正しい。

20　×　4

4）上司の机の電話であれば本来は上司が出るが、A子が代わりに出たとしたら、すぐに上司に取り次がなくてはならない。

21 ✕ **2**

2）紹介状は中を見てはいけない。上司が直接開封するもの。

22 ✕ **1**

1）飲み物をつぐことが歓談のきっかけになるので、つぐのはいつでもよい。

23 ✕ **3**

3）二拍手一礼は神式での拝み方なので不適当。焼香の手順はP.95参照。

24 ✕ **5**

5）目上の人に、現金や金券は贈らないものなので不適当。

25 ✕ **2**

2）「数十人」などの概数や、「三回忌」など、習慣で決まっている数字は算用数字を使わない場合もある。

26 ✕ **2**

2）役員交代の挨拶状は儀礼的なものであり格式を重んじるので、切手を貼って出す。

27 ✕ **3**

3）「ご」だけではなく、「ご芳」まで消すのが適当。

28 ✕ **5**

5）「休心」とは、心を休めることで「安心してください」の意味なので不適当。

29 ✕ **2**

2）「秘」文書は人に見られてはいけない文書のため、たとえこのような連絡をしたとしても、不適当なやり方である。

30 ✕ 1

1）お祝い金なのだから「現金書留」がふさわしい。現金書留には、添え状（お祝い状）も入れられる。

31 ✕ 3

3）上司が仕分けるのではなく、秘書が見て古いものを廃棄するのが適当である。

32 1）a：お忙しいところ、お忙しい中、ご多忙のところ
　　　b：おいでいただきまして、お越しいただきまして
　　2）a：こちらのほうこそ、こちらこそ
　　　b：お世話になっております
　　3）a：山本
　　　b：お待ちしておりました

33 1）上司の後ろに控え、お辞儀をして見送る
　　2）エレベーターのドアが閉まるまでお辞儀をして見送る
　　3）車が敷地内から見えなくなるまで見送る

34 1）敬具
　　2）敬具
　　3）敬白
　　4）草々

35

八月二日の記念講演会に
❶ ~~出席~~　欠席　残念ですが出張のため欠席させていただきます。
❷ ~~御~~住所　東京都中野区中野○ー○
❸ ~~御芳~~名　山田洋一

❶ 2本線で消し、理由を書き添え、「欠席させていただきます」とする
❷「御」だけを消す
❸「御芳」を消す

著者

横山 都　よこやま みやこ

大手旅行会社で旅行業務一般と秘書業務を担当後、学校法人で役員秘書を経験。以降、大学、短期大学などで秘書実務教育に携わり、各所で秘書検定1〜3級すべての対策講座の講師を務める。フリーの企業研修講師として、主にヒューマンスキル研修、メンタルヘルス研修講師兼カウンセラーの活動に精を出している。

〈著書〉
『これで合格！ 秘書検定2級・3級 頻出ポイント＆実戦問題』『合格レッスン！ 秘書検定2級 頻出ポイント完全攻略』『スピード合格！ 秘書検定2級 頻出模擬問題集』『マンガでわかる 出る順で学べる 秘書検定2級・3級 テキスト＆問題集』（高橋書店）

7日で合格！
秘書検定2級・3級 テキスト＆[一問一答]問題集

著　者　横山 都
発行者　高橋秀雄
発行所　株式会社 高橋書店
　　　　〒170-6014 東京都豊島区東池袋3-1-1 サンシャイン60 14階
　　　　電話　03-5957-7103

ISBN978-4-471-27033-9　©TAKAHASHI SHOTEN　Printed in Japan

定価はカバーに表示してあります。
本書および本書の付属物の内容を許可なく転載することを禁じます。また、本書および付属物の無断複写（コピー、スキャン、デジタル化等）、複製物の譲渡および配信は著作権法上での例外を除き禁止されています。

本書の内容についてのご質問は「書名、質問事項（ページ、内容）、お客様のご連絡先」を明記のうえ、郵送、FAX、ホームページお問い合わせフォームから小社へお送りください。
回答にはお時間をいただく場合がございます。また、電話によるお問い合わせ、本書の内容を超えたご質問にはお答えできませんので、ご了承ください。本書に関する正誤等の情報は、小社ホームページもご参照ください。

【内容についての問い合わせ先】
　書　面　〒170-6014 東京都豊島区東池袋3-1-1 サンシャイン60 14階　高橋書店編集部
　ＦＡＸ　03-5957-7079
　メール　小社ホームページお問い合わせフォームから　（https://www.takahashishoten.co.jp/）

【不良品についての問い合わせ先】
　ページの順序間違い・抜けなど物理的欠陥がございましたら、電話03-5957-7076へお問い合わせください。
　ただし、古書店等で購入・入手された商品の交換には一切応じられません。